# 映画でめぐるドイツ

## ——ゲーテから21世紀まで

青地伯水 編著

松籟社

# まえがき

『アルプスの少女ハイジ』に登場するおじいさんが、ハイジのおかげで村人と和解することを記憶している読者もおられるだろう。しかし、おじいさんが山中に暮すようになった不和の原因を覚えておられるだろうか。本書の『ハイジ』論文では、この作品はキリスト教の信仰がテーマであり、ハイジのおじいさん自身は聖書の放蕩息子の帰還をなぞっているという。彼の村落共同体への復帰という市民性の回復は、信仰の回復とともにおこる。

本書は、第一部「文芸映画のなかの市民社会」と第二部「ファシズムの影」からなる。『カスパー・ハウザーの謎』を取りあげた論文は、いわば第一部の基調をなす論文であり、その映画も第一部に通底するテーマを提示している。塔のなかで一六歳まで育てられ、一九世紀の市民社会に突如編入されてしまった少年カスパー・ハウザーは、言語を持たぬがゆえに異端児として扱われたり、詐欺師とみなされたりする。ところが言語を身につけて、市民社会に順応を試みたがために、彼は政争の犠牲として暗殺される。検死者は彼の脳に異常を発見し、これにより彼が市民社会からの落伍者であることは当然であると片付ける。ここに描かれているのは、興隆していく市民社会の持つ外部者を排除するシステムである。

『ファウスト』は、市民のなかでも卓越した能力を持つ科学者ファウストの物語である。この論文では、その無限の知への探求が市民社会の規範に触れるとき、いかなる代償を必要とするかという問題がさまざまなヴァリエーションのなかで扱われている。

『ミヒャエル・コールハース』は、主人公が不当不法に市民社会から排除され、私怨をつのらせて、暴力で社会に応酬する物語である。市民社会から脱落していくコールハースを、ここでは同一性というキーワードで論じる。

トーマス・マンの重要なテーマの一つは、周知のように市民性と芸術家気質の対立であるが、『ブデンブローク家の人々』の舞台となる家は、市民生活の充実振りを体現していた。しかし市民性の内部に巣食った芸術家気質と市民社会そのものの没落により、屋敷も一旦は往時の姿を失う。繁栄の象徴物として保存されている建築物が、映画のなかでよみがえる。

第二部は四論文からなる。フランス映画を論じた論文では、映画の起源としてのディオラマが語られ、続いてドイツ・フランス関係において重要な二度の大戦から、三つの映画が中心に論じられる。それは貴族・紳士の戦争、市井の一個人の戦争、市民からレジスタンスとなった人々の戦争である。

ＤＤＲ（東ドイツ）の秘密警察シュタージについての論文では、おもに四つの映画が取りあげられる。そのうちの三つの作品における重要なモティーフが盗聴である。盗聴により東ドイツ市民はプライベートに至るまですべてシュタージの監視下におかれていた。余談ではあるが、アメリカ政府の個人情報収集を告発した元ＣＩＡ職員スノーデンのドキュメンタリー映画 Citizenfour（二〇一四年）では、アメリカ合衆国の公権力が、携帯電話やカードの情報を用いて、個人がいつどこでなにを話し、どの電車に乗ったかまで知りえると語られる。かつてシュタージが行なった個人情報の収集は、技術革新とともにわれわれの社会にも忍び寄ってきている。

『ザ・ウェイヴ』は、高校の生徒たちに独裁を体験させた、アメリカでの実験授業の劇映画化である。この論文では、もともとの実験が独裁の状況下における人々の当事者性を問題視していたのに対し、このドイツでの映画化にあたっては、重点が独裁者側の心理的問題に置き換えられてしまっていることを指摘する。

『バーダー・マインホフ』は一九六七年の学生運動の副産物、ドイツ赤軍派についての映画である。赤軍派の伝説化と伝説がいかにつくられたか、その背景に女性解放運動があったことをも指摘する。

第二部に影を落としているのは、いうまでもなくナチスである。ナチスの全体主義国家は、市民的自由を完膚なきまでに否定した社会であった。そこから生まれたのが、ナチスへのレジスタンス、ナチスへの抵抗運動で「輝かしい」実績のある人々によって作られた国家ＤＤＲ、ナチスを復活させないための独裁の実習、ナチス世代との対立から生まれた学生運動であった。

市民社会がかかえる危うさ、それにとってかわった全体主義社会が引き起こした悲惨な戦争、その後の混乱した社会、これらの記憶が風化しかかっている今だからこそ、われわれが映画を語り、多くの人々がこれらの作品を鑑賞することには意義があろう。

編者しるす

# 目次

## II　ファシズムの影

## 凡例

・［　］は参照原著、頁を示す。
・〔　〕は引用者による補足を示す。
・〔……〕は引用者による中略、前文略、以下略を示す。

# 映画でめぐるドイツ

——ゲーテから二一世紀まで

# Ⅰ　文芸映画のなかの市民社会

# 第1章　市民社会とその他者

## ヘルツォークの映画『カスパー・ハウザーの謎』

松村　朋彦

### 1　カスパー・ハウザー事件

一八二八年五月二六日、精霊降臨祭の月曜日の午後四時ごろ、南ドイツの町ニュルンベルクに、奇妙な若者があらわれた。年齢は一六歳から一七歳くらい、言語能力はほとんどなく、手には一通の手紙をたずさえていた。手紙のあて先が、「ニュルンベルク第六騎兵連隊第四中隊騎兵大尉殿」となっていたために、彼は近くに住むヴェセニヒ騎兵大尉のもとへと連れてゆかれる。夜になって帰宅した騎兵大尉が手紙を開封してみると、そこにはおよそ次のような文面がしるされていた。自分は一八一二年一〇月七日にこの子を母親から預かり、今まで育ててきた。だが、貧しい日雇い労働者である自分には、一〇人の子供があり、これ以上この子の世話をすることができない。父親のような騎兵になりたがっているこの子を引きとって、面倒をみてほしい、と［Hörisch, 12］。何を尋ねられても、「ぼくは、お父さんがそうだったような騎兵になりたい」という言葉を繰りかえすばかりのこの若者は、警察に連行されて、取り調べをうける。彼の足は、長いあいだ狭い場所に閉じこめられていたかのように変形しており、両腕の種痘のあとは、貴族の出自をうかがわせた。食べ物は、水とパンしか受けつけず、紙とペンを手渡されると、「カスパー・ハウザー」と書きしるす。これ以来、彼はこの名で呼ばれることになる［Hörisch, 10］。

翌日からカスパーは、ルーギンスラント塔の監獄に収容され、看守ヒルテルとその家族の世話をうけることになる。彼の噂はしだいに町中にひろがり、大勢の人々が彼を一目見ようと塔を訪れる。そのなかには、隣町アンスバッハの控訴院院長アンゼルム・フォン・フォイエルバッハ（一七七五―一八三三年）の姿もあった。ニュルンベルク市長ビンダーは、七月七日にカスパーにかんする告示文を起草し、七月一四日に公にする。この告示のなかでビンダー市長は、カスパーがニュルンベルクの町にあらわれたさいの経緯だけではなく、それまでの彼の来歴についても詳細に報告している。それによると、彼は長いあいだ狭く暗い地下室に閉じこめられており、食べ物としてはパンと水だけをあたえられ、二頭の木馬で遊ぶことしか許されなかった。いつも食べ物を運んでくる男が、彼に読み書きを教えてくれた。あるときその男は、彼を外に連れだし、長い道のりをともにしたのちに、ニュルンベルクの町に置きざりにしたのだという。市長はこの男のことを「悪人」と呼び、事件の真相究明への協力を市民たちに呼びかける [Hörisch, 23-32]。こうして、カスパーの素姓をめぐる物語が、しだいに紡ぎだされてゆくのである。

一八二八年七月一八日にカスパーは、ニュルンベルクのギムナージウム教授ゲオルク・フリードリヒ・ダウマー（一八〇〇―一八七五年）のもとに引きとられ、彼によって教育をうけることになる。カスパーは、読み書きと計算、宗教、音楽、絵画、乗馬などを学んで急速な進歩をとげ、この年の一一月には、自伝の執筆にとりかかるまでになる [Hörisch, 87-96]。ベッドで寝るようになった彼は、それまでとはことなって、夢をみるようになる。同時にまた彼は、

通常の食事をとりはじめる。だがそれとともに、彼が最初のうちは示していた特殊な能力、異常に敏感な五感や、金属や動物磁気への特別な感受性もまた、徐々に失われてゆく［Hörisch, 13］。このようにして彼は、しだいに市民社会へと取りこまれてゆくのである。

一八二九年一〇月一七日、何者かがダウマー家に侵入して、カスパーをナイフで襲い、彼は額に負傷する。警察の捜査がおこなわれ、目撃者の証言も寄せられるが、犯人の手がかりは得られない。病身のダウマー教授にかわって、ゴットリープ・フォン・トゥーヒャー男爵が新たにカスパーの後見人となり、彼は一八三〇年一月から五月まで商人ヨーハン・クリスティアン・ビーバーバッハのもとに、五月以降はトゥーヒャー男爵自身のもとに引きとられる。この年、ベルリンの元警察顧問官ヨーハン・フリードリヒ・メルカーが、『カスパー・ハウザー、詐欺師の可能性』というセンセーショナルなタイトルの小冊子を刊行する［Hörisch, 214-221］。メルカー自身はカスパー本人に会ったこともなく、過去の同種の詐欺事件の実例と、カスパーをめぐる記録文書から、たんなる憶測を導きだしたにすぎなかったが、カスパー詐欺師説は、同時代人たちのあいだで大きな反響を呼ぶことになる。だが、カスパーの出自にかんしては、これとはまったく正反対の憶測もまた囁《ささや》かれはじめていた。カスパーへの襲撃事件以来、彼の素姓に深い関心を寄せて調査を続けてきたフォイエルバッハは、一八三二年二月に、『カスパー・ハウザーの素姓にかんする覚書』と題する秘密文書を、バイエルン王国前王妃カロリーネのもとに届けさせる［Hörisch,

194-203]。この文書のなかで彼は、カスパーはじつは、一八一二年九月二九日に出生し、その直後の一〇月一六日に死亡したとされるバーデン公国の第一王子にほかならず、王位継承をめぐる陰謀のために別の赤ん坊の死体とすり替えられ、ひそかに地下牢で育てられたのだと主張する。こうしてカスパー像は、詐欺師と王子という二つの極へと分裂してゆくのである。

こうした状況のなかで、カスパーの運命に大きな変転をもたらしたのが、イギリス貴族スタンホープ卿だった。同性愛者という噂もあった彼は、一八三一年五月に初めてカスパーに会って以来、この若者にたいして大きな関心を示す。高価な贈り物や手紙によって彼の心をとらえたスタンホープ卿は、この年の一一月にカスパーの養父となる[Hörisch, 17]。だがこのことは、カスパーのニュルンベルクの市民社会からの訣別をも意味していた。スタンホープ卿の希望によって、彼は一二月にニュルンベルクを去り、アンスバッハの学校教師ヨーハン・ゲオルク・マイアーのもとに引きとられる。だが、アンスバッハでの生活は、彼にとってけっして幸福なものではなかった。スタンホープ卿は、カスパーへの関心を失ってしまったかのようにイギリスに帰国し、新しい養育者となったマイアーは、最初からカスパーを詐欺師と決めてかかっていた。そして、唯一信頼できる存在だったフォイエルバッハは、一八三三年五月二九日に謎めいた死をとげる。この年の夏、カスパーは、ビンダー市長の義理の妹でヴィーン在住のカンネヴルフ夫人と知りあい、彼女にたいして思慕の念をいだく。彼女にあてた手紙のなかで彼は、「ぼくのもっとも大切でもっとも忘れがたい女友達」と彼女に呼びかける［Hörisch, 18］。だが、彼にはもう最期がすぐそこまで迫っていた。一二月一四日、カスパーは胸に刺し傷を負って帰宅する。見知らぬ男に町の公園へ呼びだされ、ナイフで刺されたというのである。だが、これを狂言だと信じこんだマイアーは、重傷のカスパーを犯行現場まで同行させる。手当の遅れもあって、一二月一七日にカスパーは絶命する［Hörisch, 19f.］。犯人については、多数の目撃証言が寄せられたものの、最初の襲撃のさいと同様に、今回もまた事件の真相解明にはいたらなかった。アンスバッハのカスパーの墓には、次のような碑銘が刻まれている。「ここに眠るのは、カスパー・ハウザー、その時代の謎、生まれは不詳にして、その死は秘密につつまれている」、と［Struve 1992, 6］。

## 2　ドイツ文学のなかのカスパー・ハウザー

### ◆ヴァッサーマン『カスパー・ハウザー、あるいは心情の怠惰』

カスパー・ハウザーがニュルンベルクにあらわれて以来、彼を題材にして書かれた文学作品は膨大な数にのぼる。だが、とりわけ二〇世紀のドイツ文学において、カスパー・ハウザーのモティーフは新たな意味を獲得することになる。ここでは、小説、抒情詩、戯曲という三つのジャンルから、代表的な作品をそれぞれ一篇ずつ取りあげてみることにしたい。ドイツの小説家ヤーコプ・ヴァッサーマン（一八七三―一九三四年）の長篇小説『カスパー・ハウザー、あるいは心情の怠惰』（一九〇八年）は、ニュルンベルクへの出現から死へといたるカスパーの生涯を、市民社会の犠牲者という視点から描きだした作品である。この小説のなかでは、カスパーに好意をいだき、彼を理解しようとする人々と、彼に敵対し、彼を利用しようとする人々が、鮮やかに描きわけられている。前者を代表する存在が、ダウマー教授とフォイエルバッハであるとするなら、後者の典型が、スタンホープ卿とアンスバッハの学校教師カント（カスパーの最後の養育者マイアーが、そのモデルとなっている）である。だがそれにもかかわらず、この二項対立は、あくまでも表面的なものにすぎない。なぜなら、ダウマー教授やフォイエルバッハがカスパーに寄せる好意と共感もまた、じつのところは彼ら自身の高邁な思想や理念を実証しようという個人的な動機にもとづいたものにすぎないからである〔Struve 1995, 80〕。ヴァッサーマン自身の言葉を借りるなら、この作品の根底をなしている二項対立は、「カスパー・ハウザー対世界」〔Wassermann 1928, 131〕、もしくは「人間の心情対世界」〔Wassermann 1921, 77〕であり、そこで暴きだされるのは、「人間が、その心情や精神の発達段階にはかかわりなく、〔……〕無垢という現象にたいしては、まったく鈍感で、まったくなすすべを知らない」〔Wassermann 1921, 81〕ということにほかならないのである。

ヴァッサーマンは、小説の後半部にいたって史実から離れ、カスパーとカンナヴルフ夫人との出会いを、作品のクライマックスとして描きだす。カスパーの唯一の理解者となった彼女は、彼とともにスイスへと逃れようとする。だがカスパーは、彼女の誘いを振りきってアンスバッハにとどまり、暗殺者の手におちる。カスパーの墓に十字架が立てられる日、精神錯乱状態であらわれたカンナヴルフ夫人は、アンスバッハの市民たちに向かって、「あんたたちは人殺しよ」と叫びかける。彼女から「人殺し」呼ばわりされた牧師フーアマンが、その人生の最期にあたって語った言葉によって、小説は結ばれる。

私に罪はない。あるいは、死すべき人間がもともと負っている以上の罪はない。この世を歩むわれわれはみな、罪ある存在である。〔……〕罪なき存在は、ただ神のみだ。わが魂と気高いカスパー・ハウザーの魂に、神の恵みがありますように。〔Wassermann 1983, 384〕

だがむろん、人間の罪と神の無垢を対置することによって、ニュルンベルクの市民たちの罪を軽減しようとこころみる牧師の言葉は、この作品の最後のメッセージではない。この言葉はむしろ、小説のタイトルに示された「心情の怠惰」を、何よりも雄弁に物語っているのである。

### ◆トラークル『カスパー・ハウザーの歌』

オーストリアの詩人ゲオルク・トラークル（一八八七―一九一四年）は、一九一三年に、詩『カスパー・ハウザーの歌』を書きしるす。

彼はほんとうに愛していた、丘を沈んでゆく深紅の太陽を、
森の道を、歌をうたう黒い鳥を、
そして緑のよろこびを。

木のかげで彼は真摯に暮らし、
その顔は清らかだった。
神は彼の心に、やさしい炎の言葉で語りかけた、
おお、人間よ、と。

静かに彼は歩み、夕べの町を見いだした。
彼の口からもれる暗い嘆き、
ぼくは騎兵になろう、と。

だが、彼のあとにつき従ったのは、茂みと獣、
白い人間たちの家と、ほの暗い庭、
そして殺人者が、彼をねらっていた。

春と夏と美しい秋が、この正しい人にめぐり、
彼の静かな歩みは、
夢みる人々の暗い部屋のかたわらを過ぎ、
夜は彼の星とふたりきりだった。

雪が枯枝にふりつみ、
ほの暗い戸口に、殺人者の影が見えた。

銀色にきらめいて、この生まれなかった者の首が落ちた。〔Trakl, 325〕

この詩の冒頭の一行は、ヴァッサーマンの『カスパー・ハウザー』からの影響を如実に示してい

る。ヴァッサーマンの小説のなかで、カスパーは、ダウマー教授とともに遠足に出かけたとき、沈んでゆく太陽に目を奪われる。「それは美しい眺めだった。まるで深紅の円盤が、地平線上で大地を切断するかのように、回転しながら沈んでいった」。この情景を前にして、ダウマー教授はこう語る。「カスパーは太陽を愛している」[Wassermann 1983, 42]、と。この小説のなかでは、カスパーがダウマー教授のもとでうける教育の一過程をあらわしていたこのエピソードを、トラークルは、カスパーが人間社会を知る以前の無垢の楽園へと移しかえる。それゆえ、第一聯でカスパーをとりまいている自然が、あざやかな色彩にいろどられているのにたいして、第二聯以降では、世界は色彩を失うのである。神がカスパーに語りかける「おお、人間よ」という言葉は、この詩の頂点をなしている。だが、彼に人間としての自意識をもたらすこの言葉は、同時にまた彼を自然から引きはなす[Pabst, 288]。カスパーの歩みは、自然との合一から、町と人間たちと殺人者のもとへといたる楽園喪失の過程なのである。だがそれとともに、詩の後半にいたって、カスパーはしだいに聖者としての相貌を帯びはじめる。「彼のあとにつき従ったのは、茂みと獣」という詩句は、その歌声によって、人間のみならず、動物や植物をも自らの方へ引きよせたというギリシアの楽人オルフェウスの姿を連想させる。こうしてカスパーは、詩人の原像となる。そして、「銀色」に浄化された死をとげる「正しい人」カスパーは、殉難者へと変貌をとげるのである[Struve 1995, 88]。

### ◆ハントケ『カスパー』

現代オーストリアの作家ペーター・ハントケ（一九四二年—　）は、戯曲『カスパー』（一九六七年）において、まったく新しいカスパー像を提示してみせた。この作品の序文の冒頭でハントケは、次のように述べている。

戯曲『カスパー』は、じっさいのカスパー・ハウザーがどのようであり、どのようであったかを示すものではない。それは、ひとが何でありうるのかを示すものである。それは、ひとが言葉を話すことを通じて、言葉を教えこまれてゆく過程を示すものである。この戯曲は、「言葉による拷問」と呼ぶこともできるだろう。［Handke, 103］

作品の冒頭でカスパーは、「ぼくは、むかし誰かがそうだったような人間になりたい」という「ただ一つの文」［Handke, 109］しか話さない。カスパーに言葉を教えこもうとするプロンプターは、彼にこう語る。「お前は一つの文で、自分自身にはもうすべてを語ることができるが、他の者たちには何も語ることができない」［Handke, 112］、と。歴史上のカスパーにとって、「ぼくは、お父さんがそうだったような騎兵になりたい」という言葉がそうであったように、ハントケのカスパーにとってもまた、この「ただ一つの文」は、あらゆるものを指示することができる魔術的な言葉である一方で、社会的なコミュニケーションのコードから切り離されたたんなる私的な言葉にすぎない。それゆえプロンプターは、社会的な言語のコードをカスパーに教えこむことによって、彼を私的な領域から社会化された領域へと取りこんでゆくのである。戯曲の結末近くで、ついに社会的な言語をわがものとしたカスパーは、次のように語る。「ぼくは、言葉を教えこまれた。ぼくは、現実へと引きもどされたのだ」〔Handke, 195〕。

だが、この戯曲はここでは終わらない。最終場面にいたってカスパーは、あらためて、言葉と意味とのあいだの結びつきを解体しようとこころみる。

火のなかで、薪が心地よくはじけるのが聞こえる。この言葉でぼくが言いたいのは、骨がはじける音は、心地よくないということだ。椅子はここに、テーブルはそこにある。この言葉でぼくが言いたいのは、ぼくが物語を語っているということだ。〔……〕〔Handke, 196〕

そしてこの戯曲は、カスパーが何の脈略もなく繰りかえす「山羊どもと猿ども」〔Handke, 197〕という言葉とともに幕をとじる。この結末は、いったん社会へと取りこまれたカスパーが、最後に再び私的な領域へと立ちもどったことを物語っているのだろうか。だが、「山羊どもと猿ども」というカスパーの最後の言葉は、シェイクスピアの『オセロー』で、妻デスデモーナの不実を信じこまされた主人公が、狂乱のうちに語るせりふの引用でもある〔Bekes, 11〕。私的言語と詩的言語を重ねあわせることによって、社会化された言語の秩序に抵抗する可能性が、ここには示されているのである。

## 3　ヘルツォークの映画『カスパー・ハウザーの謎』

### ◆言葉から映像へ

ヴェルナー・ヘルツォーク（一九四二年―　）の映画『カスパー・ハウザーの謎』（一九七四年）のドイツ語原題は、「誰もが自分のために、神はすべての人々に反して〔Jeder für sich und Gott gegen alle〕」である。このタイトルは、先に見たヴァッサーマンの小説『カスパー・ハウザー』の結びの言葉にたいする応答であるように思われる。牧師フーアマンが、人間の罪と神の無垢を対置したのにたいして、ヘルツォークは、人間の利己心と神の悪意を並置することによって、市民社会批判とキリスト教批判を重ねあわせようとするのである。同時にまた、神の無垢を否定することは、悪意にみちた世界のなかにただひとり置きざりにされたカスパー自身の無垢をきわだたせることでもある。こうしてヘルツォークの映画は、聖者にして殉難者というトラークルのカスパー像を引きつぐのである。そして、社会化された言語にたいする抵抗というハントケの『カスパー』の主題もまた、ヘルツォークによって新たな表現をあたえられる。劇作家ハントケの作品が、言葉による言葉への抵抗というパラドックスをうちにはらんでいたとするなら、映画監督ヘルツォークは、映像によって言葉を乗りこえようとこころみるのである。

一九七七年に公刊されたこの映画のシナリオは、じっさいに完成された映画とは多くの点でことなっている。そのなかでももっとも大きな相違は、シナリオではいくつかの場面で、カスパー自身の声による語りが映像に重ねあわされるはずだったのにたいして、映画ではこの語りが削除されている点である。このことは、カスパー役の俳優として、ブルーノ・Ｓが起用されたことと深くかかわっている［Schmitz-Emans, 249］。私生児として生まれ、施設を転々としたという彼の経歴は、じっさいのカスパーのそれと重なりあうものでもあった。そして、一語一語に全身の力をこめて、のどの奥から絞りだすようにして発声する彼の演技は、観客に姿の見えない語り手としてではなく、彼自身の映像をともなって初めて、その表現力を発揮するものだったからである。

シナリオでは、映画はカスパーが閉じこめられている地下牢の場面から始まるはずだった。だが、じっさいの映画は、静かな湖の情景とともに開始される。一人の男がボートを漕いでゆく。水辺の草のあいだからのぞく少女の顔。岸辺にそそり立つ物見の塔。洗濯をする手をとめて、こちらをじっと見つめる老婆のまなざし。すりきれたレコードの雑音のなかから、モーツァルトのオペラ『魔笛』第一幕で、王子タミーノが、王女パミーナの絵姿に見入りながらうたう「絵姿のアリア」が浮かびあがる。

この絵姿は、魅惑的に美しい、
これまでまだ誰も目にしたことがないほどに。
私は感じる、この神々しい姿は、
私の心を新たな感動でみたすのだ。

洗濯女がこちらをじっと見つめるシーンは、シナリオでは本来、地下牢から連れだされたカスパーが、ニュルンベルクの町へと向かう途中の「町への道、夢のような情景」のためのものだった［Herzog, 116］。カスパーの地下牢から町への歩みという全体の文脈から切りはなされて、映画の冒頭におかれることによって、この一連の情景は、「これまでまだ誰も目にしたことがない」原初の風景をさし示すことになるのである［Pabst, 298］。

次に字幕によって、歴史上のカスパー・ハウザーにかんする事実が報告されたあと、風に激しく揺れうごく麦畑の情景が映しだされる。パッヘルベルのカノンがそこに重ねあわされ、次のような字幕があらわれる。「ひとがふつう静寂と呼んでいる恐ろしい叫びが、あたり一面に聞こえませんか」。この言葉は、一九世紀ドイツの劇作家ゲオルク・ビューヒナー（一八一三―一八三七年）の短編小説『レンツ』（執筆一八三六年）からの引用である。一八世紀ドイツの劇作家ヤーコプ・ミヒャエル・ラインホルト・レンツ（一七五一―一七九二年）の生涯のなかの一エピソードを素材としたこの作品のなかで、精神を病んだ主人公は、放浪のすえ、アルザスの小さな村ヴァルトバッハの牧師オーバーリンのもとを訪れる。オーバーリンは、彼に心の安らぎを取りもどさせようとして、さまざまな試みをおこなうが、かえって病状を悪化させたレンツは、牧師にこう訴えかける。「地平線のあたり一面で叫んでいる、ひとがふつう静寂と呼んでいる、恐ろしい声が聞こえませんか」［Büchner 2001, 48］。ふつうの人間が「静寂」と呼ぶもののうちに、「恐ろしい叫び」を聞きとる特殊な聴覚を、ビューヒナーのレンツとヘルツォークのカスパーは共有している。現代ドイツの詩人ユルゲン・テオバルディー（一九四四年―　）は、この麦畑の情景について、「麦畑をこれまでこのようには見たことがないという認識によって、その異質さもまた意識される」［Pflaum, 29］と述べている。牧歌的な麦畑の風景がそのうちにはらんでいる無気味さを映像のかたちで示すことによって、ヘルツォークはカスパーの特殊な聴覚を、観客にもまた追体験させようとするのである。

### ◆カスパーと市民たち

地下牢から連れだされ、ニュルンベルクの町に姿をあらわしたカスパーは、騎兵大尉の厩舎で警察の取り調べをうける。この場面でもまた、シナリオの登場人物一覧にはしるされていない一人の人物が、重要な役割をはたす。ヘルツォークがこの三年後に制作する映画『シュトロツェクの不思議な旅』（一九七七年）でも、ブルーノ・Sと共演することになる俳優クレメンス・シャイツが演じる、小男の書記である。カスパーがたずさえていた手紙の文面や、彼にかんする取り調べの内容を、一字一句おうむ返しに繰りかえして書きとめるこの書記のふるまいは、他者から教えこまれた言葉を機械的に繰りかえすカスパーのそれと、まるで鏡像のようによく似ている。ただしこの二人は、まるで鏡像のように向きが正反対である。書記が他者の言葉を反復することによって、それを市民社会の秩序のなかへ取りこんでゆこうとするのにたいして、カスパーは同じ行為によって、その秩序を揺るがそうとこころみるのである。

塔の牢獄に収容されたカスパーは、看守ヒルテルとその家族の世話をうける。彼はヒルテルから食事の作法を学び、ヒルテル夫人に身体を洗ってもらい、子供たちとも仲よくなる。だが、市当局の役人たちが彼にたいして示す態度は、それとはまったくことなっている。彼の出自をめぐってさまざまな噂が囁《ささや》かれ、非人道的な実験が彼の身にこころみられ、あげくのはては、養育費を捻出するために、彼は見世物小屋への出演を強要される。見世物小屋の団長はカスパーを、ブント王国の小人の王、若きモーツァルト、南アメリカの先住民ホムブレシトとともに、「世界の四つの謎」として、観客たちの好奇の目にさらす。ここでヘルツォークは、彼自身の映画への自己言及をおこなっている。というのも、ここで小人の王を演じているヘルムート・デーリングは、彼の映画『小人の饗宴』（一九七〇年）の主演俳優であり、ホムブレシトは、彼の代表作『アギーレ・神の怒り』（一九七二年）の舞台を暗示し、モーツァルトは、この映画の冒頭と結末を飾る「絵姿のアリア」の作曲者にほかならないからである［Schmitz-Emans, 251］。そのように見るなら、見世物小屋の団長は、戯画化されたヘルツォーク自身の姿であるとも考えられるだろう。

　見世物小屋から逃げだしたカスパーは、たまたま見物に来ていたダウマー教授のもとに引きとられる。教授は彼を、見られる者から見る者へと教育しようとこころみる。カスパーとともに塔の牢獄の前を通りかかったとき、ダウマー教授は彼に、かつてこのなかで暮らしていたことを思いおこさせようとする。だがカスパーは、それを否定して次のように言う。「部屋にいたときは、まわりを見わたすと、右も左も前も後ろも部屋だけでした。〔……〕後ろを向くと、塔は見えなくなる。だから、あの部屋は塔より大きかった」。遠近法によってではなく、自らの身体感覚によって事物の大小を判断するカスパーの世界認識を、ダウマー教授は理解することができない。またあるとき、意志をもつ人間と意志をもたない事物とのあいだの相違を説明しようとして、教授はカスパーの前で林檎をころがしてみせる。「いいかい、カスパー、フーアマン牧師が足を出す。

私が正確にそこへころがせば、林檎は止まる。止まることが、私の意志だからだ」。だが、林檎はフーアマン牧師の足をこえて、ころがってゆく。カスパーは、喜んで言う。「賢い林檎だ」、と。こうして、ダウマー教授の教育の試みは、カスパーの世界像が、通常の人間のそれとは相いれないものであることを浮きぼりにする結果となるのである。

カスパーのこうした思考の特質は、論理学の授業の場面に明瞭にあらわれている。論理学の教授は、次のような難問をカスパーにつきつける。常に嘘をつく、嘘つき村の人間と、常に本当のことを言う、正直村の人間を、たった一つの質問によって見分けるにはどうすればよいか、と。教授が提示する正解は、「あなたは嘘つき村から来たのですか、と尋ねられたら、あなたはいいえと答えますか？」というものである。「二重否定によって、嘘つきはその正体を明かしてしまう」と、得意満面で解説をくわえる教授にたいして、カスパーはこう切りかえす。

ぼくならその男にこう尋ねます。あなたは蛙ですか、と。正直村の住人なら、いいえ、私は蛙ではありません、と答えます。本当のことを言うからです。嘘つき村の住人にこう尋ねれば、彼は嘘をつくので、はい、私は蛙です、と答えます。それでぼくは、彼が嘘つき村の住人だとわかるのです。

教授はむろん、この答えには納得しない。だがカスパーは、論理学という学問体系に依拠する教授の論理にたいして、その外部から、もう一つの論理を対置する。ヘルツォーク自身が、「自分の映画監督としての人生のうちでもっとも成功したもの」〔Pflaum, 71〕と評するこの場面は、カスパーを取りこもうとする市民社会にたいして、彼がその他者としてこころみる反撃を示しているのである。

## ◆未完の物語

だが、市民社会にたいするカスパーの抵抗は、それとはまた別のかたちをとってもあらわれてくる。ダウマー教授からサハラ砂漠の話を聞いたカスパーは、家政婦ケーテの前で、砂漠の物語を語ろうとする。「ぼくは、砂漠の物語を考えました。でも、始めだけです」。それにたいして、ケーテはこう諭す。「物語が全部わかってから話すようにしなさい、始めだけではだめよ」。またあるとき、カスパーはダウマー教授に、夢をみたことを報告する。教授は、夢と現実を区別することができるようになったカスパーの成長を喜ぶ。だが、カスパーがみた「コーカサスの夢」は、彼の言葉によって物語られるのではない。このとき画面には、森や寺院やピラミッドが点在する異国の風景が映しだされる。粒子が荒く、明滅を繰りかえすこの映像は、「映画のなかの映画」

[Schmitz-Emans, 252] として、映画のなかの現実とは明らかに別の次元に属している。カスパーの市民社会からの脱出の夢は、言葉によってではなく、こうした映像によってのみ表現することができるものなのである。

臨終のさいにカスパーは、砂漠の物語をもう一度語りなおそうとこころみる。「大きな隊商が、砂漠を進んでゆくのが見えます。砂のあいだを。そして、この隊商を率いているのは、一人の年老いたバーバリ人です。そしてこの老人は、目が不自由なのです」。ここでまた、粒子の荒い、明滅する風景が、画面に映しだされる。砂漠のなかを、らくだとともに進んでゆく人々の群れ。そしてそこへ、カスパーの語りが重ねあわされる。

そこで、隊商は止まります。何人かが、前に山が見えたので、道に迷ったと思ったからです。コンパスで測ってみてもよくわからない。すると、目の不自由な先導者が、砂をひとつかみとって、まるで食べ物のように味見をします。息子よ、と彼は言います。君たちの思いちがいだ。われわれの前に山はない。それは君たちの思いこみにすぎない。さらに北へ進もう。みんなは逆らわずに進み、北の町に到着します。物語はここから始まります。でも、この町でおこるほんとうの物語は、ぼくにはわかりません。

ここでは、映像のもつ特権的な表現力もまた相対化される。なぜなら、自らの味覚を視覚より上位におき、画面に映しだされる山を「思いこみ」としてしりぞけるこの先導者は、目に見えるものを乗りこえてゆく、もう一つの世界認識の可能性を示しているからである。

だが、カスパーは最後まで、「ほんとうの物語」へと到達することがない。それはたんに、死を目前にひかえたカスパーに、物語を語りつづける時間が残されていないからではない。いやむしろ、カスパーの物語は、最後まで未完のままにとどまることによって、完結した物語を求める市民社会の論理に抵抗しようとこころみるのである［Schmitz-Emans, 145］。「ぼくの話を聞いてくれてありがとう。ぼくはもう疲れました」という言葉とともに、彼は息をひきとる。カスパーのこの最後の言葉のうちには、映画の観客にたいするヘルツォークのメッセージを読みとることもできるだろう。未完のままに残されたカスパーの物語をさらに語りついでゆく役割は、この映画を観る人々にゆだねられているのである。

## ◆カスパー、ヴォイツェク、ビューヒナー

カスパーの遺体は、医師たちによって解剖され、肝臓と小脳と大脳に異常が発見される。ここでまた登場するのが、例の小男の書記である。彼は、医師たちの所見を一字一句復唱して、ノー

トに書きとめる。そしてこの映画は、勝ちほこったような書記の言葉によってしめくくられる。

見事な調書だ。正確な調書だ。ハウザーに異常が見つかったという調書を作ろう。この奇妙な人間に、やっと説明がついた。これほど見事な説明は見つかるまい。

誰もいない街路を、書類をかかえて遠ざかってゆく書記の後姿。そして、映画の冒頭の場面では中断されていたモーツァルトの「絵姿のアリア」の歌詞の続きが、そこに重ねあわされる。

この感情を言いあらわすことはできないが、
それがこの胸で火のように燃えているのは感じとれる。
この感情は愛なのだろうか。
そうとも、これこそ愛なのだ。

冒頭の「美しい〔schön〕」絵姿と、結末の「見事な〔schön〕」調書、この両者のあいだに横たわる著《いちじる》しい落差が、この映画の内実をなしている。そして、冒頭の場面で、「これまでまだ誰も目にしたことがない」原初の風景をさし示していた「絵姿のアリア」は、結末においては、「愛」の名のもとに他者を排除する市民社会にたいする告発へと変貌するのである。
だが、書記が語る最後の言葉には、もう一つの典拠がある［Bloom, 228f.］。ビューヒナーの未完の戯曲『ヴォイツェク』（執筆一八三六年）のなかに、主人公ヴォイツェクが犯した殺人事件の現場検証をおこなう廷吏が、次のようなせりふを語る場面が、異稿として含まれている。

立派な殺人、本物の殺人、見事な殺人だ。これほど見事なものは望めない。久しくなかったほどだ。［Büchner 2005, 11］

ビューヒナーのこの作品は、じっさいにおこった殺人事件にもとづいて書かれたものだった。一八二一年六月、ライプツィヒで、ヨーハン・クリスティアン・ヴォイツェクという元職人が、愛人を殺害する。彼は逮捕され、死刑の判決をうけるが、幻聴や幻覚の経験を告白したために、精神鑑定がおこなわれる。だが、医師ヨーハン・クリスティアン・アウ

グスト・クラールスは、ヴォイツェクに責任能力があったという判定をくだし、一八二四年に彼の死刑が執行される。それにたいしてビューヒナーは、この作品のなかで、ヴォイツェクを市民社会の犠牲者としてとらえなおそうとこころみる。ビューヒナーのヴォイツェクは、医師によって人体実験の道具にされ、人工的に幻覚を引きおこされる。内縁の妻マリーを、上官である鼓手長に誘惑された彼は、マリーを殺せという幻聴にとらわれて、池のほとりで彼女を刺し殺し、自分も池のなかへと入ってゆく。

ヴォイツェクの犯した行為を、廷吏が「見事な〔schön〕殺人」と断罪するこの異稿の場面は、アルバン・ベルクのオペラ『ヴォツェック』（一九二五年）をはじめとして、この戯曲のじっさいの上演においては省略されることが多い。だがヘルツォークは、一九七九年に『ヴォイツェク』を映画化したさいに、ほかならぬこの廷吏のせりふによって作品をしめくくった。『カスパー・ハウザーの謎』と『ヴォイツェク』、五年間の歳月を隔てて制作されたこの二つの映画の最終場面を共鳴させることによって、ヘルツォークは、カスパーとヴォイツェクという、一九世紀初頭のドイツにおいて、市民社会から他者として排除された二人の人物を一つに重ねあわせたのである。同時にまた、『カスパー・ハウザーの謎』の冒頭と結末を飾っているビューヒナーの二篇の作品からの引用は、ヘルツォークがこの作家に寄せたオマージュとしてとらえることができるだろう。一八一三年に生まれ、一八三七年に二三歳の若さで世を去ったビューヒナーの生涯が、カスパー・ハウザーのそれとそっくり重なりあうものであったこと、そして、カスパーがついに語りおえることができなかった自らの物語に、ビューヒナーの文学が言葉をあたえていることを、ヘルツォークの映画はわれわれに思いおこさせてくれるのである。

## 本章でとりあげた映画

『カスパー・ハウザーの謎』原題 *Jeder für sich und Gott gegen alle*　一九七四年　ドイツ映画

## 参考文献

### 文学作品

Büchner, Georg: Sämtliche Werke und Schriften. Bd. 5, Bd. 7/2, Darmstadt 2001, 2005.
Handke, Peter: Stücke 1. Frankfurt a. M. 1972.
Herzog, Werner: Drehbücher II. München 1977.
Trakl, Georg: Sämtliche Werke und Briefwechsel. Innsbrucker Ausgabe. Bd. 3. Frankfurt a.M. 1998.
Wassermann, Jakob: Mein Weg als Deutscher und Jude. Berlin 1921.
Wassermann, Jakob: Lebensdienst. Leipzig 1928.
Wassermann, Jakob: Caspar Hauser oder Die Trägheit des Herzens. München 1983.

### 文学作品以外の文献

Bekes, Peter: Peter Handke: Kaspar. Sprache als Folter. Paderborn 1984.
Bloom, Michael: Woyzeck and Kaspar. In: Literature/ Film Quarterly 8/4 (1980), pp. 225-231.
Gottschalk, Birgit: Das Kind von Europa. Zur Rezeption des Kaspar Hauser-Stoffes in der Literatur. Wiesbaden 1995.
Groß, Sabine: Fremdheit und Verfremdung in Werner Herzogs *Jeder für sich und Gott gegen alle*. In: Struve, Ulrich

(Hg.): Der imaginierte Findling. Studien zur Kaspar-Hauser-Rezeption. Heidelberg 1995, S. 162-181.

Höller, Hans: Peter Handke. Reinbek 2007.

Hörisch, Jochen (Hg.): Ich möchte ein solcher werden wie... Materialien zur Sprachlosigkeit des Kaspar Hauser. Frankfurt a. M. 1979.

Mayer, Johannes; Tradowsky, Peter: Kaspar Hauser. Das Kind von Europa. Stuttgart 1984.

Pabst, Stephan: Mythologie moderner Autorschaft: Kaspar Hauser. In: Germanisch-romanische Monatsschrift 59 (2009), S. 281-307.

Pflaum, Hans Günther u. a.: Werner Herzog. Reihe Film 22. München 1979.

Pies, Hermann: Kaspar Hauser. Augenzeugenberichte und Selbstzeugnisse. Stuttgart 1985.

Pies, Hermann: Die Wahrheit über Kaspar Hausers Auftauchen und erste Nürnberger Zeit. Stuttgart 1987.

Renner, Rolf Günter: Peter Handke. Stuttgart 1985.

Schlich, Jutta (Hg.): „Warum fliegen da lauter so schwarze Würmer herum?“ Das Kaspar-Hauser-Syndrom in Literatur und Film, Forschung und Lehre. Würzburg 1999.

Schmitz-Emans, Monika: Fragen nach Kaspar Hauser. Entwurf des Menschen, der Sprache und der Dichtung. Würzburg 2007.

Struve, Ulrich (Hg.): Der Findling. Kaspar Hauser in der Literatur. Stuttgart 1992.

Struve, Ulrich: Der Findling als Heiland. Zur Mythopoetik in der Kaspar-Hauser-Literatur des zwanzigsten Jahrhunderts. In: Struve, Ulrich (Hg.): Der imaginierte Findling. Studien zur Kaspar-Hauser-Rezeption. Heidelberg 1995, S. 77-102.

Weckmann, Berthold: Kaspar Hauser. Die Geschichte und ihre Geschichten. Würzburg 1993.
小岸昭『欲望する映像　ドイツ的なるものと畸形児たちをめぐって』駸々堂出版、一九八五年
種村季弘『謎のカスパール・ハウザー』河出書房新社、一九八三年

# 第2章　二一世紀のファウスト
## ソクーロフ『ファウスト』について

児玉　麻美

### 1　ソクーロフの映画『ファウスト』

『モレク神』（一九九九年）、『牡牛座　レーニンの肖像』（二〇〇一年）、『太陽』（二〇〇五年）でそれぞれヒトラー、レーニン、昭和天皇を主人公として取り上げたアレクサンドル・ソクーロフは、権力者四部作の締めくくりとして二〇一一年に『ファウスト』を発表し、第六八回ヴェネチア国際映画祭でグランプリを受賞して大きな話題を呼んだ。「ヨーハン・ヴォルフガング・フォン・ゲーテにもとづく自由な翻案」と付されたこの作品は、人生の意味を求め続ける学者ファウストの苦悩、願いの成就と引き換えに交わされる血の盟約、グレートヒェンとの悲恋などといったモチーフをゲーテから借用しながらも、そこにソクーロフ独自の解釈を加えて全く新たなファウスト像を提示している。母親に対して抱くひそかな嫌悪を告白するグレートヒェン、しだいに深い狂気にとらわれていく助手ヴァーグナー、岩で打たれて置き去りにされる高利貸マウリツィウスらの姿は、どれも原作とはかけ離れた不気味さをたたえており、ほとんどゲーテの『ファウスト』（一八〇八年／一八三二年）の悪意あるパロディーのような印象を映画全体が帯びている。

「永遠に女性的なもの」による救済の情景が神々しい筆致で描き出されるゲーテの『ファウスト』に基づきながら、ソクーロフの『ファウスト』がその結末を永遠の放浪へと改変している点は、一見すると不可解であり、観る者に少なからぬ抵抗感を覚えさせる。しかし、ソクーロフは文豪ゲーテの手による不滅の芸術作品『ファウスト』への深い敬意をたびたび表明しており、この悲劇の映像化を長らく目指し続けてきた。一九八〇年代に映画撮影所「レンフィルム」のスタジオ所長アクショーノフからの依頼にこたえて、ソクーロフは撮影予定の映画に関する「テーマ別申請書」を提出しているが、ここに羅列された一九のテーマのうち三つをファウストにまつわる文学作品、ゲーテ『ファウスト』（一八三二年）、トーマス・マン『ファウストゥス博士』（一九四七年）、ブルガーコフ『巨匠とマルガリータ』（一九六六年）が占めていることは、この伝説的素材に対する彼の継続的な関心を証だてている。

八〇年代からすでに始められていたファウスト映画の構想は二〇一一年にようやく完成へと至ることになるが、二一世紀のファウストのために新たに用意された結末、救済とも地獄堕ちとも異なる荒野の果てへの逃亡という末路がどのようにして選び取られたのかを明らかにするために、まずはゲーテによる原作とソクーロフ作品との差異に注目してみたい。さらに、ソクーロフの『ファウスト』が不穏な結末への前触れとして科学者の孤独を描いていること、こうしたテーマが二一世紀の他のファウスト・アレンジ作品においても同様に扱われていることを第三節で概観し、続く第四節では権力者四部作における『太陽』と『ファウスト』との連続性を踏まえながら、科学とその代償に対して注がれるソクーロフの批判的視座について考察を行ないたい。

## 2　悪魔

### ◆現代社会における悪魔

ソクーロフ作品において最も目立った改変は、悪魔メフィストフェレスが登場しない代わりに高利貸マウリツィウス・ミュラーが悪魔的人物として登場し、ファウストと血の契約を交わす点にある。マウリツィウスは自らの名前を「暗黒」を意味するものとして説明し、酒場のシーンでは壁にフォークを突き刺してワインを噴出させるパフォーマンスを行なうなど、人間離れした存在としてファウストに影のように付きまとい続ける。

一方で、すべてのファウスト・ヴァリエーションの原点である民衆本『ヨーハン・ファウスト博士の物語』（一五八七年）やその系譜のなかで描かれるメフィストと異なり、高利貸マウリツィウスはファウストの魂の所有権に関して決定的な影響力を及ぼし得ない。ファウストのしもべとなって言われるがままに奉仕を続けたメフィストが恐ろしい悪魔的本性を現してあるじを惨殺し、最終的に両者の立場が逆転する所で幕を閉じるのが伝統的な筋書きであるのに対し、ソクーロフの『ファウスト』ではマウリツィウスがファウストの手によって打ち殺されるという、非常に意外性をもった結末によって映画全体が締めくくられている。

ソクーロフは、神秘的でロマンティックな雰囲気を備えた従来のメフィスト像を離れ、ファウストの契約相手を一人の人間として登場させる事により、リアリティを備えた現代的存在として悪魔を描こうとしたと語っているが、こうした手法はファウスト・テーマを扱った他の映画でも頻繁に用いられている。

ハリウッド映画におけるファウスト・モチーフの受容を取りあげた先行研究においては、一見すると縁遠く思われる二つの領域、すなわち商業主義的な興業としての色合いが強いハリウッド映画の世界と、美的・哲学的に高められたゲーテの『ファウスト』の世界が実は親近性を有しており、このテーマがアメリカ映画のなかで非常に好んで取りあげられてきたという経緯が論じられている［Andersen, 9-18］。窮乏により閉塞的状況に陥った主人公の苦悩と、そこにもたらされる悪魔的人物からの助力、書面あるいは口頭上の契約により得られる一時的な幸福と後悔、そこからの脱出という筋書きは、二時間程度のエンターテイメント作品にふさわしい緊張とカタルシスを含んでおり、映画の題材として非常に高い適性を備えていた。とりわけ資本主義的市場経済に支配された現代社会において、物質的な豊かさへの執着を断ち切った主人公が本当の心の幸福を手にするというハッピー・エンディングの情景は、つねに観客の関心の的となり続けてきたのである。

こうした先行研究においては、『マネー・ゲーム』（二〇〇一年）や『ウォール・ストリート』（二〇一〇年）など、経済取引所を舞台とした映画作品が複数取りあげられているが、主人公を危険な契約へと誘う役割を果たすのが株式売買人であることは非常に興味深い事実である。中世以降のファウスト伝説の中で、失われた魂の召喚や空中飛行術、全世界への旅行などを自在に行ない、時間的・空間的制約性を超越することによってファウストを魅了したメフィストも、それらすべてが科学技術の力によって実現されつつある二一世紀においては、もはや時代錯誤な過去の遺物へと成り下がってしまっている。ソクーロフの『ファウスト』において高利貸マウリツィウスが披露する魔術は、ワインの振る舞いという手品めいた小芸にすぎず、ファウストはこれに驚くものの、その術に心を奪われる事はない。無限に増大し続けるファウスト的欲望に対して、悪魔が差し出すことのできる可能性はもはや貨幣的価値のみとなっており、現代におけるファウスト解釈のなかで悪魔が経済家として現れ出てくることは、必然的な流れであったと考えられる。

血の証文によって結ばれる契約の情景は魔術的・秘儀的なイメージをそなえ、人間の魂が悪魔へと売り渡される場面の恐ろしさを際立たせているが、書面上の証文が人間の生命や財産に対して拘束力をもつというシステムは、ソクーロフの『ファウスト』においては債権者と債務者との間に再現され、契約行為のもつ非人間的側面を改めて浮き彫りにして見せている。「期限は過ぎた」と述べて負債者の家財を奪い去るマウリツィウスが「悪魔！」と罵られる場面は、ファウスト物語の伝統的結末、すなわち契約期限日に悪魔が人間の魂を奪い去るおぞましい結末の矮小的パロディーであり、ここでは世俗化された悪魔マウリツィウス自身もまた、人間社会を支配する巨大な経済機構のなかに取り込まれてしまっている。

また、ファウスト伝説の雛型が好んで映画へと採り入れられてきた事に関しては、筋書きの内部で提示される諸モチーフの可視性が重要な要因として挙げられている〔Gaier, 92〕。閉塞的状況とフラストレーション、向上への憧れをつのらせた主人公がたった一度の署名を契機に迎えいれる劇的な変化は、映画のみでなくオペラやバレエなどの視覚メディアにとっても非常になじみが良く、こうした要因からファウストは最も映画化された題材のひとつではないかという考察もなされている〔Andersen, 14〕。

しかし、大衆向け娯楽作品においては契約と隷属状態からの脱出が筋書きの山場として描き出されるのに対し、ソクーロフの『ファウスト』における契約は作品全体の終盤になってようやく交わされ、それにより生じた変化も具体的には明らかにされない。ソクーロフはインタビューのなかで「特に芸術作品においては、すべてが分かってしまう大分前に終わらせなければなりません。語り過ぎないことが大事なのです〔……〕内容が解読されるようなかたちを見せてはいけません」と述べ、その読解不可能性を作品にとっての必要条件として挙げているが〔ソクーロフ・前田、四六頁～〕、上演時間一三四分の映画の一一〇分を経過した頃に行なわれる契約書への署名とそれに続く不可解な結末は、彼の狙い通り観客に直接的なメッセージを与えず、ファウストの犯した罪とは何か、そのために支払った代償が何であるのかという問題は未解決のままに残される。しかもその結末は、救済によりもたらされる安心や満足感とはかけ離れた不気味さをたたえており、ここには従来のエンターテイメント映画が観客にもたらしてくれる快楽への冷笑的視線が潜んでいるようにも思われる。

## ◆大衆性と芸術性

ソクーロフはアメリカ映画を麻薬に例え、「苦しければ苦しいほど、この映画商品への需要は高まります。なぜなら映画が、生活の苦しみを昇華させる唯一の機会だからです」〔ソクーロフb、一七〇頁〕と述べて反発をあらわにしながら、「映画は最初からエリート芸術として扱われるべきだった。そうすれば、映画の発展の道のりは困難ではあるが着実なものになり、商業ベースにのせられることもなかったでしょう」〔ソクーロフb、一七五頁〕と持論を展開している。芸術作品として自立的価値をもった映画のあり方を強く意識するソクーロフが、全ソ国立映画大学在学中に卒業制作として手がけた映画『孤独な声』（一九七八年）の制作日記には、すでにトーマス・マンの『ファウストゥス博士』から語り手ツァイトブロームの次のような芸術観が引用されている。

芸術は精神である、そして精神は社会に、共同体に対し義務を感じる必要は一切ない、――私の考えによれば、精神は自己の自由と高潔さのためにそれを避けなければならない。「民衆のなかに入っていく」芸術は、大衆の、小市民の、俗物の要求を自己の要求と同一視する芸術は悲惨な状況に陥る、そして、それを例えば国家の立場から芸術の義務とすること、小市民が理解するような芸術のみを許容することは、最悪の俗物根性、精神の殺害である。精神はそのもっとも大胆で、何ものにも束縛されない、大衆からはかけ離れた努力、探究、試行によって、何らかの高度に間接的なやり方で、人間に――いずれはより多くの人びとに奉仕できると私は確信する。[Mann, 433f.]

芸術から苦悩や憂鬱が剥落し、無邪気で無害なものへと変貌をとげて、すべての人間にとって親しみをもって受け止められる時代が来るだろうと主人公レーヴァーキューンは予言するが、ツァイトブロームはこの言葉に胸を打たれながらも同時に痛ましさを感じている。大衆に媚びることのない精神の芸術によって拓かれる未来をツァイトブロームは信じており、この主張を引いたソクーロフもまた、安易に観客を自己浄化へと至らせる芸術を拒絶するそぶりを見せるが、それにともなって生じる経済的な問題を避けて通ることは不可能である。「残念ながら、私が興味をもっている純文学のテーマで映画を撮るとお金がかかりすぎる。もう随分前からトーマス・マンとゲーテの『ファウスト』をミックスさせるというアイデアをあたためていますが、実現しそうにありません」〔ソクーロフb、一七三頁〕と彼が述べる通り、芸術が商業ベースを離れ、大衆迎合的な要素を一切排して存在することは困難であり、ここには金銭上の制約がつねに付きまとい続ける。資金拠出の問題は大衆性から離れるほどに増大して目的の達成を妨げるが、こうした苦悩は過去の原稿を売り払って研究資金を稼ぐファウストの姿にもまた投影されている。

経済と悪魔とを結びつける演出において、大衆向けに制作されたファウスト・アレンジ作品とソクーロフの『ファウスト』は共通点を有しているが、逆に両者をはっきり隔てている要素としては、主人公と家族との関係描写の違いを挙げることができる。ファウスト伝説を下敷きにしたアメリカ映画においては、しばしば両親や妻からの助言によって主人公に道徳的な立ち直りの契機が与えられ、救済の根拠として家族愛が大きくクローズ・アップされる〔Andersen, 15-17〕。一方、ソクーロフ映画においては、内心母親を疎ましく思っているグレートヒェンがひそかに自らの罪を懺悔し、これを聞いたファウストもまた母を愛していなかった事、母の死を望んでいた事を打ち明けることによって、両者の間には共犯関係めいた結びつきが生まれることになる。

さらに、「兄を死なせました?」というグレートヒェンの問いかけに対する「ええ、死なせました」という返答もまた、彼女をファウストから引き離す契機とはならない。兄ヴァレンティンを殺して逃亡した犯人がファウストであることをグレートヒェンが知ったのちに両者が結ばれるという展開は、ゲーテ作品において無垢の化身のような形で描かれたグレートヒェンの内面にひそむ底知れぬ闇を映し出してみせる。ゲーテ『ファウスト』第一部の聖堂におけるグレートヒェンの苦悩にみちた祈りは、彼女が処刑されたのちに救済される展開の前触れとして機能しているが、ソクーロフ作品においては教会の場面は彼女の罪を暴き出すために導入され、それによりいっそうファウストとの距離を縮める方向へと筋書きを展開させていく。

姦通の罪への苦しみ、母と兄の死、子殺しから悔悛を経てグレートヒェンが救われるというゲーテ作品の秩序だった筋書きは、細切れにされ順序を入れ替えられることによって歪《いびつ》なコラージュのような別像へと作り変えられているが、ソクーロフの『ファウスト』においてこうしたゲーテ作品の改変がもっとも残忍なやり方で示されるのは、言うまでも無く結末部におけるマウリツィウスの台詞「とどまれ、こいつは美しくない！〔Verweile doch, das ist nicht schön!〕」であろう。ゲーテの『ファウスト』第二部第五幕「宮殿の大きな前庭」において、ファウストは開拓地を眺めながら百千万の人びとのために土地をひらく夢を次のように語っている。

そうして、危険にとりまかれながら、／ここで子どもも大人も老人も、健気な歳月を過ごすのだ。／そのような群衆を私は目の当たりにし、／自由な土地に自由な民とともに立ちたい。／その瞬間に向かってなら、こう言っても良かろう／「とどまれ、お前は美しい！」と。

〔Goethe, 348〕

地上の日々の足跡を振り返ったファウストが万感迫る思いで口にする「とどまれ、お前は美しい！〔Verweile doch, du bist so schön!〕」はソクーロフによって滑稽化され、永遠に美しい瞬間に心をとらわれ息絶えるはずのファウストは、美しくない時間の中で永遠に生き続ける罰を与えられる。ゲーテ作品の結末における「その瞬間」のかけがえのなさ、生命のもつ有限性の尊さに関してソクーロフは、「『日陽はしづかに発酵し…』演出プランの断片」の中で次のように書き記している。

ゲーテの悲劇は、もしもそこに虚無がなかったならば、不滅ではなかっただろう。もしも、**死ぬ運命にある生命の甘美さ**によって育まれなかったならば。それは瞬間の甘美さだが、その瞬間の中には全てが含まれている。生に限りのある人間だけが、それを評価することができる。彼だけが、**瞬間**という杯から飲むことを許される。〔ソクーロフa、三八〇頁〕

弱り果てた高利貸に対し「もうお前には頼らない」「力も影響力も自力でつかみ取るよ」「素質と精神さえあればいい、それで自由な地に自由な民を創れる」と畳みかけるファウストは、契約書を破り捨ててマウリツィウスを岩で打ちつけ、天上から降るグレートヒェンの問いかけ「どこへ行くの?」に対し「あっちだ」と答えて、荒野の果てへと走り去っていく。ゲーテ作品の結末が、自由な民とともに地上に立つことへのひたむきな願いを経て救済へと結びついていくのに対し、ソクーロフの描くファウストは、はるか高みの神の視点へと自ら上昇し、ミニチュア・セットを組み上げるようにして自由の民を創りだすことを欲する。生命と自然現象、世界の運行に関与しそれを思いのままに操作する事への飽くなき欲望は、もはや悪魔の手にも負いかねる規模へと膨れ上がり、ファウストはグレートヒェンの祈りの届かない「先へ、はるか先へ」と向かって、死すべき運命から逃れ無限の活動を続けるのである。

## 3　科学

### ◆科学者の孤独と不幸

映画『ファウスト』の結末部において、グレートヒェンと一夜を共にしたファウストはマウリツィウスに連れられて荒野へ向かい、「ここにたたずむ以外何もできない」「神よ助けたまえ」と述べて無力感をあらわにする。死後の世界を彷徨っているヴァレンティンと再会して恐怖にとらわれ、投獄されているかもしれないグレートヒェンを助け出そうとマウリツィウスに提案する彼は、自らが犯した罪への想起によりここで内省の機会を得るが、荒野で間欠泉を発見した途端に、その心を覆っていた暗い憂鬱はたちまち吹き払われてしまう。「まだ何か欲しいのか？　人工生命体か？」とマウリツィウスに問われたファウストは「足りないよ！」と叫び返し、間欠泉から勢いよく吹きあがる水流を眺めて興奮状態に陥る。子どものように無邪気な喜びをたたえたファウストの「この泉は作れる」という確信にみちた言葉には、神をも恐れぬ傲岸不遜《ごうがんふそん》が余すところなく示されており、全身に力をみなぎらせて勢いよく駆けだすファウストの姿は、心をなくした科学者ヴァーグナーのおぞましいイメージへと再び重なり合っていくように思われる。

二一世紀的なファウスト再解釈に際して決して見落とすことのできない問題が、科学の罪というテーマについての取り扱いである。ソクーロフの『ファウスト』はファウストと助手ヴァーグナーによる死体解剖の場面によって幕を開けるが、臓物をかき分けて人間の魂を探すふたりの姿は、科学者の探究的視線のもつ独特の冷たさを冒頭から印象づけている。悪魔に何を望むかという議論についてのふたりの対話、「この世が消えることと、教授ともっと頻繁に会えることです」「世界が消えたら会えなくなる」に続いて発せられるヴァーグナーの「大丈夫です、私たちが残ればいい」という力強い言葉は、彼の孤独への偏愛と人間世界からの隔絶を、その病的な返答のなかにはっきりと示している。ヴァーグナーはやがて狂気にとらわれ、敬慕の対象であるファウストを自己自身と同一視して支離滅裂な言動を繰り返すようになるが、「アスパラガスとタンポポの精油、ハイエナの肝臓」から精製された人造人間を見せられたグレートヒェンは怯えて逃げ出し、ヴァーグナーが抱えていた人造人間入りのフラスコは地に落ちた衝撃で砕けてしまう。

科学者の孤独と不幸をファウスト・テーマに絡めて扱った作品としては、ソクーロフ映画と同じ二〇一一年に発表されたマッカナフ演出のオペラ『ファウスト』が挙げられるが、ここでは主人公ファウストは核物理学者として登場させられている。グノーによる全五幕のオペラ『ファウスト』をもとにしたデス・マッカナフの新演出は、ヤニック・ネゼ゠セガンの指揮によってニューヨーク・メトロポリタン歌劇場で上演され話題を呼んだが、マルグリート役で出演するはずだったアンジェラ・ゲオルギューはこの演出に不満を示して降板し、主役ファウストを演じたヨナス・カウフマンもマッカナフの解釈に難色を示すなど、少なからぬ反発を招くことになった。

### ◆原子力の時代のファウスト

マッカナフ演出の『ファウスト』第一幕は、セット背景に原爆ドームのシルエットが投影された状態から開始される。白衣をまとった研究者たちが大型の装置のまわりを歩き回り、せわしなく記録を書き込んでいる情景のなかで、核兵器の開発に携わった科学者ファウストの苦悩がまず歌いあげられる。悪魔メフィストに促されて毒の杯をあおいだファウストは望み通り若返ってマルグリートと恋に落ちるが、原子力爆弾の発明により多くの犠牲をもたらしたことへの罪の意識から自殺を試みたファウストが、マルグリートとの恋に没頭するという筋書きには一貫性が見出しづらく、展開にやや不自然さが感じられる。第二幕から第五幕まではグノーの原作通り、マルグリートとの出会いと恋、兄ヴァランティンとの決闘、ファウストに捨てられたマルグリートによる子殺しと悔悛の祈りが描かれるが、「救われた！」という天上のコーラスが響き渡った直後にすぐさま白衣の研究者たちが現れて舞台背景を転換させ、情景はふたたび第一幕の冒頭へと戻される。中央から登場したファウストは毒杯をまさに飲み干す瞬間であり、オーケストラによる後奏が響き渡る中で、絶命した彼が地に倒れ伏すところでオペラは終幕を迎える。

　メフィストは最後までマルグリートに付きまとって呪詛の言葉を吐きかけ、彼女の魂を堕落させる事に執着するが、これに反し天上のコーラスは救いと恩寵を約束してみせ、マルグリートは天国へと続く階段を駆け上っていく。一方で、兵器開発による大量殺戮に関与したファウストが息絶える場面には悪魔メフィストの姿はなく、近代市民社会における一個人の罪と二〇世紀を生きる科学者の罪との間に横たわる深い溝がここに暗示される。マルグリートの堕落にはメフィストの策謀が明らかに関与しているのに対し、マッカナフのファウストが犯した罪は悪魔と無縁の所で生じたものであり、その裁きの情景はグノーの原作が描いた救済という枠組みの外へと押し出されてしまうのである。

二〇〇五年に作曲家ジョン・アダムズが発表した全二幕のオペラ『ドクター・アトミック』もまた、アメリカ版のファウスト・オペラを制作するというコンセプトのもとに「原爆の父」として知られるロバート・オッペンハイマー博士を主人公に据え、一九四五年の原爆投下前夜を舞台に繰り広げられる物理学者の苦悩を描き出している。サンフランシスコ歌劇場委嘱作品として書かれたこのオペラは、二〇〇八年にメトロポリタン歌劇場でも上演されており、のちにマッカナ

フ演出の『ファウスト』が同歌劇場で初演される際には「第二のドクター・アトミック」として紹介を受けることになった。実際に、『ドクター・アトミック』第一幕冒頭において、マンハッタン計画のために創設されたロスアラモス研究所の中をせわしなく行き交う物理学者たちの姿はマッカナフの『ファウスト』第一幕の情景と酷似しており、核エネルギーという強大すぎる力を前に思い悩むオッペンハイマー博士の姿もまた、マッカナフのファウスト描写に通じている。ピーター・セラーズによる台本は主

にマンハッタン計画の機密文書や回想録、書簡、登場人物が愛読していた文学作品のテクスト等から構成されており、当初予定されていたトーマス・マンの『ファウストゥス博士』に基づくオペラの構想はほとんど名残をとどめていない。一方で、セラーズの「根底にあるのは戦争や破壊――人間が自らを全能の神と錯覚した感覚です」というコメントからは、イカロスやプロメテウスに連なるファウスト的努力の悲劇の歴史を『ドクター・アトミック』へ引き継ごうとする意図がはっきりとうかがわれる。

オッペンハイマーの妻キティを演じたジェシカ・リヴェラは、彼女の役柄を「光と希望の象徴」として説明し、家政婦パスクァリータ役のエレン・ラビナーも「「大地の母」として愛と自然の女性らしさを象徴し、科学の世界支配を勧める男性の価値観と対立します」と述べて、愛による癒しや魂の復活への祈りが女性によって歌われる『ドクター・アトミック』の二項対立構造を端的に言い表している。二〇〇七年にアムステルダムで行なわれた公演では、キティによる最後のアリア「私たちは希望、私たちに託せば良かった。私たちは夢、私たちを想い起こせば良かった」が追加されており、ここには女性的なものによる救済可能性の暗示というゲーテ的なファウスト演出へのさらなる接近が見受けられる。しかし、第二幕第三場から続けられるカウント・ダウンは最終場にて起爆を宣告し、原爆投下の閃光に包み込まれた舞台に流される日本語、「お水を下さい、子どもたちがお水を欲しがっているんです、お水を下さい……」が響き続ける中でオペラ全体は締めくくられる。

二〇一一年には映画監督テリー・ギリアムがベルリオーズの劇的物語『ファウストの劫罰』の新演出に取り組んでいるが、ここではマルグリートはユダヤ人少女として、悪魔はナチスとして登場させられるなど、原作の形をとどめないほどに改変が加えられた筋書きの中で、また新たなファウスト解釈が提示されている。二〇〇〇年代以降のファウスト・ヴァリエーションは互いに示し合わせたかのように核やホロコーストといった大量殺戮のテーマを取り込みながら、もはや人間個人には到底背負いきれない巨大な罪の投影装置として、この伝説を利用し続けているのである。

## ◆学問とその犠牲

こうしたファウストの現代的解釈はどれも賛否の別れる内容であることは間違いなく、マッカナフの『ファウスト』上演に関しては歌手の熱演に称讃が集まりながらも、演出に関しては否定的なコメントがしばしば寄せられた。真理追究を目指して悪魔と契約を交わすファウストの向上心が果たして救済に値するのかという問題設定が、具体的な歴史的素材へと関連付けられることにより、ファウスト素材が本来有していたはずの普遍性は剥ぎ取られ、極端に限定的なエピソードへと規模を縮小させられてしまっているという負の側面は否めない。

ソクーロフは、ゲーテの原作において「F.〔ファウスト〕の錬金術的な苦しみの描写」が注意深く避けられている事がこの芸術作品の永遠性を決定づける要素であると考えており、「それ〔科学技術的なドラマ〕は万人にとって興味深いものではないだろう。芸術にとって興味深いのは、普遍的なものだ」〔ソクーロフa、三七八頁〕とコメントしたうえで、核やホロコーストといった罪の具体的表象を彼の映画に導入しなかった。一方で、彼もまたファウスト作品への取り組みに関するインタビューの中で核の問題を持ち出し、人間の性急さがもたらす悲劇をゲーテの『ファウスト』における主要な問題提起として受け止めているが、〔児島、二〇一二年〕こうした意識はすでに『日陽はしづかに発酵し…』（一九八八年）の構想段階においてすでに明確に表明されている。

「学問には犠牲が必要とされる」……。今日では、学問から犠牲が必要とされている。今日では、人々を救うためには、それ自体が犠牲にされ得る。だが、犠牲を伴わぬ知識が可能だろうか？　人間は血の代償を支払わずに前進することができるだろうか？　人間はこの代償を決して免れることができない。〔……〕人々は、爆弾が破裂するまでに物理学のためにいくら支払っただろうか？　それは最高の名士たちだ。この代償の原因は、状況ではなく、人々でもない。これが**核**の秘密に対する代償だった。**もし人々がそれについてもっと知っていた**

**なら、身を守ることができただろう。だが、彼らは未知のものに向かって進んだ――その代償が未知だったことも含めて。**〔ソクーロフa、三八〇頁〕

現代の学問は産業と分かちがたく結びついている。哲学家が実務家として、理論家がリアリストとして地に足をつけ生きざるを得ないことを認めたうえで、ソクーロフはこう述べる。「だが彼らは地面に近ければ近いほど、天からは遠いのだ」〔ソクーロフa、三八〇頁〕。人間が学問に対し身をささげるという構図は逆転し、いまや学問の方から人間に犠牲が要求されている、しかもその犠牲が人間の予測をはるかに上回る規模で生じているという現実とソクーロフは向き合わざるを得ず、学者ファウストがその苦悩と無縁ではいられないという事実を決して看過することは出来なかったのである。

## 4　代償

### ◆権力者四部作の意味

ソクーロフ『ファウスト』の解釈に際しては、この作品が権力者四部作の締めくくりに位置づけられているという事実に込められた意味についても、十分に注意を払う必要があるだろう。『モレク神』『牡牛座　レーニンの肖像』の主人公ヒトラーとレーニンをそれぞれ演じた役者レオニード・モズゴヴォイにファウストの父親役を演じさせようという計画は実現へと至らなかったものの、これらの作品間の緊密な相関関係をソクーロフが意識していたことは明らかで、ここにはファウストに対し「レーニンやヒトラー以降の来たるべき世紀〔……〕の「知」の権力者像」を託そうとするソクーロフの新たな視点が示唆されているとも指摘されている〔蓮實、三六〇頁〕。

実在の歴史的人物を主人公としたドキュメンタリー映画の連作に、伝説上の人物であるファウストを組み込むというこの構想は、現実とフィクションの境界を曖昧化する強引な手法のようにも思われる。しかしながら、政治や経済に関して決定的な影響力をもつ独裁者の姿が最終作において退けられ、代わりに科学者ファウストが主人公として取り上げられていることは、四部作の解釈の地平にさらなる広がりをもたらしてもいる。軍事や経済といった領域において具象化される独裁者の権力は、結果として生じた人的・金銭的損失の提示によって容易にその惨状を伝えるが、永遠の探究心という抽象的なテーマは一見して災厄のイメージとは結びつきづらく、その先にどんな犠牲がもたらされるのかという疑問は未だ見通しがたい闇に包まれている。『ファウスト』においては過ぎ去った歴史に対する現代の視点からの一方向的な断罪は不可能となり、無制限の真理追究を志向する認識衝動の結果として今後生じてくるであろう未知の罪が裁きの対象として浮上するのである。

映画『ファウスト』に先行する第三作目、終戦を間近に控えて苦悩する昭和天皇の姿を描いた『太陽』においてもまた、権力者の孤独というテーマが同様に取り上げられているが、ここで皇居が科学の研究所として描き出されていることには、明らかに四作目の『ファウスト』との関連性がうかがえる。爆撃によって廃墟と化した東京を舞台とするこの作品において、閣僚たちとの御前会議や連合国総司令部との会食の合間には、しばしば昭和天皇の科学的関心を示すエピソードが差し挟まれており、戦争ドキュメンタリーとしての映画全体の進行を奇妙に歪めてしまっているように思われる。いくつもの二重扉に守られた堅牢な防空壕のなかに設えられた住居は物々しい雰囲気に包まれ、侍従たちは不安にかられて落ち着きなく振る舞うにもかかわらず、白衣をまとって研究室に現れた昭和天皇はガラス・ケースからシャーレへと移した生物標本をルーペで詳細に観察し、甲殻類の特性についてよどみない口調で語り続け、「何という奇跡」という感嘆を漏らしてその生態に心を奪われている。

また、連合国総司令部からの呼び出しがなされ緊迫した状況が続くなかで、昭和天皇が皇居に科学者を呼び寄せ、極光についての質問を浴びせる場面などにも、解きがたい自然現象の神秘に魅了されている彼の超越的態度が際立って示される。「今日は私の招聘に驚かれた事でしょう」という問いかけに対する科学者の台詞、「いいえ、大変名誉な事でございます。戦争の壊滅的な状況の中で科学の問題をお考えになる陛下を、ご尊敬申しあげます」という返答は、へりくだりや恭《うやうや》しさを超えてほとんど皮肉の領域へと陥りかかっているようにも思われる。全国民、疎開した家族たち、そして自分自身の運命さえもが危機にさらされる緊迫した状況における「しかし、あの光はどこから来るんだろう」という呟きは、現実離れした浮遊感を伴い、彼が「楽園」と呼ばれる研究所の中に保護されているという状況の特異さをはっきりと表わすものである。

『太陽』は二〇〇五年のベルリン映画祭に出品され大きな話題を呼んだが、日本では題材そのものがタブー視され、二〇〇六年八月になってようやく公開へと至った。海洋生物の研究について語る様子をマッカーサーから「子どものようだ」と評され、会食においてはナマズの生態について嬉々として解説しはじめたところを中断される、その無邪気な人物描写は絶対的な権力者のイメージとはほど遠く、また作中において唯一登場する爆撃の場面が彼の夢の中の世界として描き出されることから、具体性を帯びた戦争の描写はここでは意図的に最小限に抑えられている。また、この空襲の情景も海洋生物学者の夢にふさわしく、海底と上空が重なり合う幻想的な合成図のなかに表現され、尾ひれのついた爆撃機に魚のイメージが投影されることにより、その現実感をいっそう希薄なものにしている。

結末部において昭和天皇が皇后と再会し、「私はね、成し遂げたよ。これで私たちは自由だ」「私はもう神ではない。私はこの運命を拒絶した」と述べて安堵の微笑みを浮かべる場面は、『太陽』

がソクーロフにより理想化された終戦の物語であることを強く感じさせ、主人公が抑圧から逃れてようやく自己解放へと至る大団円を予感させる。しかし、疎開から戻った子どもたちに顔を見せるため広間へ向かう際に彼が口にする、「あの録音技師はどうしたかね、私の人間宣言を録音した若者」という何気ない問いかけは、侍従長の「自決いたしました」という予想外の返答をうけ、ここで家族の再会のムードは一瞬にして凍り付かせられる。現人神として奉られてきた天皇が神性を捨てて人間になろうとするという筋書きは、創造主のわざを手中におさめ神になり代わろうとするファウストの軌跡と対照関係をなしているが、両者は強すぎる力を有した者の悲惨な運命から決して逃れることができないという所に共通点を有している。神と人間のあいだに保たれ続けてきた適切な距離が壊れる瞬間、そこに犠牲が生じるということが不可避の運命として、両者の肩に重くのしかかり続けるのである。

## ◆認識衝動とその代償

「ゲーテの『ファウスト』とトーマス・マンの『ファウスト博士』をテーマに、人類が目指すべき世界を描きたい。楽しく軽い音楽が流れる美しい絵画のような……」［児島a、七三頁］。映画『太陽』に関するインタビューのなかで次作の構想についてこう述べたソクーロフは、「人類が目指すべき世界」とはほど遠い情景を『ファウスト』のなかで描いた。飢えと貧困に充たされた陰鬱な空気のなかで、薄汚れた路地をさまようファウストは出口を求め続けるが、四部作のこの締めくくりに美しい絵画のような結末は訪れない。

「この世に悪魔はいません。神はいるかもしれませんが。この世でなされた残酷なすべての悪は、残念ながら人間の手によってなされているのです。人間について考える、描く以外にありません……」〔児島b、六一頁〕。その言葉通り、ソクーロフは悪魔を排除して人間本性に潜む悪をあばきだそうと試みたが、悪魔不在のファウスト作品という構想に関しては、一八世紀の劇作家レッシングがすでにソクーロフに先んじて試みている。レッシングは『ファウスト博士』（一七五九年、劇断片）の執筆過程において悪魔メフィストを人間の悪党として描く方向性に活路を見出し、これによって新たな問題提起をなそうと考えた。ここには悪が人間の手によって生み出されるという事実への悲観的な意識はなく、むしろ悪が内在的なものであるがゆえに克服可能であるという解釈のほうに重点がおかれており、こうした取り組みには啓蒙主義者レッシングの、人間理性に対する教育的な働きかけの意図が読み取れる。

一六世紀以降の伝承において地獄堕ちを運命づけられてきたファウストの認識衝動は、マーロウの『フォースタス博士の悲劇』（一六〇四年）のなかで孤独な反逆精神のうちに英雄的側面を見出され、レッシングにおいてその創造性が肯定されたのちに、ゲーテによって救済へと導かれる。

一方で、ファウスト対グレートヒェン、あるいはファウスト対メフィストといった明確な対立関係はソクーロフの『ファウスト』においては導入されず、誰が誰に対して罪を犯したのか、加害者／被害者の関係がどこに成立しているのかという問題が曖昧であるがゆえに、救済か地獄堕ちかという審議そのものが意味をなさなくなってしまった。ここでは、ファウストの知的好奇心が救済に値するか否かという問題提起よりもさらに前の段階にさかのぼって、認識衝動の本質そのものに対して懐疑的な視線が差し向けられるのである。

戦後六〇年を迎えて発表されたファウスト文学の総括的研究においては、生き延びた者たちによる過去の傷への回顧の年としてこの節目が意味づけられ、知識欲がその必然的帰結として何をもたらすのかという問題への新たな取り組みが呼びかけられている［Negt, 37］。人間を解放するために火を盗んだ神話のプロメテウスの英雄性に対して、ここでは近代のプロメテウスの所業として火葬と焚書、炎上するシナゴーグのイメージが持ち出され、また科学の加速度的な発展に付随して生じた難問として、原子爆弾と遺伝子工学がその例に挙げられている。さらに、カントが『純粋理性批判』（一七八一年／一七八七年）において打ち立てた問い「私は何を知りうるのか」「私は何を望んでもよいのか」の現代的な解釈にふれた文脈では、「知りうる」「望んでもよい」に含まれる可能性／許容のニュアンスへと批判的な視線が向けられ、これを「私は何を知るべきなのか」「私は何を望まねばならないのか」へ変容させることの必要性が訴えられている［Negt, 47］。

ソクーロフもまた、『ファウスト』のインタビューにおいて「人は生きて行く上で許されることは極めて少ないことを理解すべき」［映画ドットコム］と述べているが、こうしたファウスト解釈においては知への能動的姿勢に対する自己批判が促され、あらゆる希望的観測が排除されたうえで、義務と当然による厳しい自律が要求されている。

伝統的なファウスト作品においては、科学は小さな書斎を舞台とし、天才的なカリスマ性を備えた博士とその助手による神の領域への挑戦という形で描き出される。一方、現代の知的な営みはそうした手工業的な規模をはるかに超えており、マッカナフの『ファウスト』やアダムズの『ドクター・アトミック』における主人公は唯一無二の天才ではなく、白衣の研究員たちを束ねてプロジェクトを推進させる一人の指導者として登場する。彼らの研究のすえにもたらされた夥しい犠牲に対して、一体誰が責任をもつのか。もはや巨悪の根源を個へと還元してゆく事が難しくなった今日において、ファウスト素材を取り扱う作者たちは皆、注意深く結末の救済を避けている。

ホロコーストと核兵器、大量殺戮の記憶は強迫観念のように付きまとい続け、もはや一六世紀のファウスト伝説の射程からは完全に逸脱した巨大な罪がこの主人公になすり付けられる。こうした具体的描写が作品の自由な解釈可能性を狭め、芸術作品の永遠性を損ねる要因になりうる事を自覚していたソクーロフもまた、作品外部の発言においては核の問題を持ち出さざるをえなかったことに鑑みれば、彼の映画『ファウスト』への取り組みには、強い内省と自己抑制への意志が読み取れるように思われるのである。

## 本章でとりあげた映画

『ファウスト』原題 *Faust*　二〇一一年　ロシア映画
『太陽』原題 *Солнце*　二〇〇五年　ロシア映画

## 参考文献

### 文学作品

Goethe, Johann Wolfgang: *Faust. Eine Tragödie.* In: Goethes Werke. Hamburger Ausgabe in 14 Bänden. Textkritisch durchgesehen und mit Anmerkungen versehen von Erich Trunz. Bd. 3. Hamburg (Christian Wegener) 1948ff.

Mann, Thomas: *Doktor Faustus. Das Leben des deutschen Tonsetzers Adrian Leverkühn erzählt von einem Freunde. Gesammelte Werke in Einzelbänden. Frankfurter Ausgabe.* Hrsg. von Peter de Mendelssohn. Frankfurt am Main (S. Fischer Verlag) 1980.

### その他の文献

Andersen, Sven-Ole: *Goethes Faust in Hollywood. Motive der Tragödie und des Themas in ausgewählten Filmen.* Frankfurt a. M. (Peter Lang) 2013.

Gaier, Ulrich: *Fausts Modernität. Essays.* Stuttgart (Reclam) 2000.

Negt, Oskar: *Die Faust-Karriere. Vom verzweifelten Intellektuellen zum gescheiterten Unternehmer.* Göttingen (Steidl) 2006, S.37.

ソクーロフ、アレクサンドル・前田英樹『ソクーロフとの対話』児島宏子訳、河出書房新社、一九九六年
ソクーロフ、アレクサンドル「『日陽はしづかに発酵し…』演出プランの断片」、リュボーフィ・アルクス編『ソクーロフ』西周成訳、現代書館、一九九六年［ソクーロフａ］三七八―三八五頁
ソクーロフ、アレクサンドル「私がひかれたのは映画の内容ではなく主人公の声の調子でした　東京大学ロシア文学科にて」北川和美訳、『ユリイカ臨時増刊号、総特集＝ソクーロフ』第二八巻第一〇号、青土社、一九九六年［ソクーロフｂ］一五九―一七五頁
児島宏子「『太陽』にいたるまで」、『映画〈太陽〉オフィシャルブック』、太田出版、二〇〇六年［児島ａ］
児島宏子「ソクーロフの最新作『太陽』のこと」、『映画〈太陽〉オフィシャルブック』、太田出版、二〇〇六年［児島ｂ］、五四―六四頁
蓮實重彦「映画時評（四二）」、『群像』二〇一二年六月号、講談社、二〇一二年、三五八―三六〇頁

**ウェブサイト**

Cote, David: *Dance with the Devil.* In: OPERA NEWS. November 2011, Vol.76, No.5. http://www.operanews.com/Opera_News_Magazine/2011/11/Features/Dance_with_the_Devil.html
映画ドットコム（ソクーロフ監督インタビュー）http://eiga.com/movie/57602/interview/、二〇一二年六月一八日掲載（最終閲覧日二〇一五年二月二六日）

ソクーロフ『ファウスト』とジョン・アダムズ『ドクター・アトミック』に関しては、『ファウスト』（発売：シネマクガフィン、日本語版、二〇一二年）ＤＶＤ解説書および『ドクター・アトミック』（発売：コロムビア、日本語版、二〇一〇年）演出家・歌手インタビューをそれぞれ参照した。

# 第3章　戦いの意義を決めるのは誰か
## クライスト『ミヒャエル・コールハース』における同一性の問題

須藤　秀平

## 1　『ミヒャエル・コールハース』――映画と原作

### ◆二〇一三年版映画とその評価

二〇一三年八月、フランス・ドイツの共同製作による映画『ミヒャエル・コールハース』（邦題『バトル・オブ・ライジング　コールハースの戦い』）が公開された。アルノー・デ・パリエールが監督・

脚本を務めた、フランス語をオリジナル言語とするこの歴史劇映画は、日本でこそ劇場公開は果たされていないものの、同年に開催された第六六回カンヌ国際映画祭のコンペティション部門にノミネートされている。原作はハインリヒ・フォン・クライスト（一七七七―一八一一年）――フランスではナポレオンが皇帝として君臨していた一九世紀初頭のドイツで、寡作ながら先駆性の高い作品を書き残した劇作家、小説家――の手による中編小説である。中世ドイツで実際に起こったとされる、馬商人ハンス・コールハーゼの権利をめぐる私闘の記録を典拠に書かれたこの小説は、まず一八〇八年に、クライスト自身が編集を務める雑誌『フェーブス』に序章部のみが掲載され、二年後の一八一〇年に大幅に加筆を施した完全版として、彼の『小説集』に収録された。したがって二〇一三年のこの映画は、およそ二〇〇年前の作品の映像化ということになる。

この映画は、とりわけ衣装や映像、音響において高い評価を博した。これは古典文学作品の映像化として、大きな成功である。一般的に、古典作品の映像化には、かならずや困難がつきまとう。すでに読み継がれてきた文学作品をスクリーンに映し出すということは、それまで数々の読者によって受容されてきた作品世界のイメージを一つの映像でもって固定することを意味するからである。このとき登場人物を演じる俳優や作品の世界観を再現する舞台セットは、以前より原作に親しんできた読者の期待と品評の眼差しを一身に受けることとなる。その点で、視覚・聴覚的表現に関する高評価は、この映画が原作の雰囲気をうまく再現したことを示している。

しかし、肝心の内容に対しても高い評価が寄せられたかと言うと、かならずしもそうではなかった。『ツァイト』紙の書評では、映画中での「哀れっぽい静寂」の多用が批判されている[Hugendick, 2]。静かに進む場面展開によって、原作に特有の荒々しさや主人公の不可解さが希釈され、話が単調になったというのである。もっと端的に、中世を舞台とし、貴族の横暴によって不当な目に遭わされた善良な男が運命に抗って奮闘するという筋書き自体、あまり評判はよくないようである。好事家がインターネット上に書いた論評の中には、「カウボーイハットをかぶっていない西部劇」としてこれを一笑に付すようなものもあった。腐敗した権力に向けられた、非力な一個人による反抗の戦いとその挫折というストーリーが、観客に少なからず既視感と退屈をもたらしたのだろう。

## ◆「戦う者」としてのコールハース

たしかに小説『ミヒャエル・コールハース』が、何よりもまず主人公の権利をめぐる闘争の物語であることに議論の余地はない。その戦いの過程を大まかにまとめると次のようになる。善良な馬商人ミヒャエル・コールハースは、商用で市場に向かう途中、土地貴族ヴェンツェル・フォン・トロンカの領地で、連れていた黒馬二頭を不当に押収された上に農作業のために酷使され、その価値を損なわれるという災難に見舞われる。馬をもとの健康な状態で取り戻したいと願うコールハースは、初めは法的手続きを通して訴えを起こすが、それが敵対する貴族側の息のかかった者の介入によって挫折すると、今度は実力行使をも辞さずにトロンカへの私的制裁を繰り広げ、ついには教会や街全体にまで見境なく火を放つというテロ行為に手を染めていく。物語の最後にはブランデンブルク選帝侯の仲介によってしかるべき裁判が開かれ、その結果、トロンカは禁固刑、コールハースは正当な権利として健康な黒馬をふたたび取り戻し、しかし同時に彼自身も国内の平和を乱した罪により、死刑の判決を受けることで決着がつく。

自らの命に代えても権利を主張し奮闘するその姿から、コールハースは古くより「戦う者」の代名詞的存在として扱われてきた。最も古い例は、一八四八年の三月革命の時代にまでさかのぼる。一八四三年から一八五一年にかけて出版された複数の百科事典に、実在の人物であるハンス・コールハーゼに代わってクライストの描いたミヒャエルの方が誤って記載された例があるが〔Grathoff, 85f.; Hamacher, 2010, 97f.〕、「四八年前期の〔革命的〕気風が刻印された」この事典類においてクライストのフィクションが史実と信じられたという事実は、小説に描かれたコールハース像と革命精神との親近性を物語っている〔Grathoff, 85〕。一九世紀後半には、「世界中のすべての権利＝法は闘い取られたものである」〔イェーリング、二九頁〕と主張したルードルフ・フォン・イェーリングが、まさしく「権利／法〔Recht〕」の獲得のために奮闘するコールハースを法学的見地から評価した。二〇世紀のナチス時代になると、コールハースは「気骨の強さ、作法、そして真のドイツ性を勝ち取るための戦いに向けた絶対的な勇気を、ゲルマン的法精神において教えてくれるドイツ民族の「情操教育者」」として称揚された［Apel, 144］。また、ほぼ時期を同じくして、コールハースの戦いが労働者解放運動の模範として扱われた事例も見られる［Apel, 144］。

これらの、とくに最後に挙げた二つの解釈に対しては、すでに同時代に反対の読み方も確認されている。例えばマルクス主義の思想家エルンスト・ブロッホは、この物語を労働運動と絡めて読む読み方に対し、コールハースをドン・キホーテになぞらえ、「現実の反抗の立場からすれば」その戦いは不敬なものであるとの評価を下している［Apel, 145］。また、ナチスによるコールハース称揚に対しては、コールハースに「極端なまでの自我の先鋭化」を見てとり、まさにその姿にヒトラーを重ねて批判するという見解も提示されている［Hamacher, 2010, 104］。ここで言えるのは、コールハースを評価するにせよ批判的に論じるにせよ、これらの解釈がどれも彼を「戦う者」として捉え、それぞれの時代、それぞれの立場の「闘争」の姿をそこに反映させてきたということである。

### ◆『コールハース』の映像化とその問題点

「戦う者」としてのコールハース像と、それに対する主題の投影という構図は、映像化された作品を見ても顕著である。『ミヒャエル・コールハース』を題材にした映像作品は、冒頭で紹介した二〇一三年の最新版を含めると、これまでに五度製作されている。最も古い構想としては、一九三五年にベルトルト・ブレヒトによる映画化の計画が確認されるが［Breuer, 460］、結局これは実現には至らず、一九六七年のテレビ・シリーズを待って最初の映像化となる。その二年後の一九六九年には、「新ドイツ映画」運動の代表格とされるフォルカー・シュレーンドルフにより、『ミヒャエル・コールハース——反乱の徒』との表題で、当時の学生運動の雰囲気を反映した映画が作られた。その後三〇年の時を経て、一九世紀アメリカを舞台にした翻案映画『ジャック・ブル』が一九九九年に公開された。少々変り種となるのが、二〇一二年の『コールハース、あるいは手段の適性』と題したパロディ映画である。それに続く最新版が、すでに紹介したパリエール監督による二〇一三年のものである。

これらの映像作品も、二〇世紀後半以降の『コールハース』受容史の上に位置づけられる。例えば一九六九年のシュレーンドルフ作品では、学生運動を背景にした問題が前面に押し出されている。ここでは、若気の至りで思慮なく暴れまわる若者や、その戦いに私利私欲のために便乗する人物が観る者に嫌悪感を抱かせるような形で描かれ、そうした者たちに翻弄されるコールハースの姿が際立って表現されている。この映画を一つの契機として、一九七〇年代には『コールハース』が「反乱」の問題と絡めて盛んに論じられた〔Apel, 146〕。このときコールハースの戦いを、国家の優位性対個人の権利という枠組みの中で評価する試みが数多く提示されたが、一方ではそれと対立する形で、はたしてその戦いは社会上の正義の追求か、あるいは単に「規則一点張りの偏狭な人間〔Paragraphenreiter〕」による個人的な苦情申し立てにすぎないのかを問い直す議論も数多くなされた〔Grassau, 239〕。一九八〇年代になると、そうした政治的・法学的な議論から少なくとも表面上は距離をとった作品内在的解釈が目立つようになる。しかしその後、一九九〇年代に入る頃には、正義か復讐かという対立図式においてコールハースの戦いを意義づける試みがふたたびなされ始める〔Grassau, 240〕。アメリカ版映画『ジャック・ブル』は、こうした流れの上に立つものである。ここではまさしく「西部劇」という設定において、腐敗した権力に対する個人の私闘が描かれ、社会上の権利の要求とそれに際して個人が支払わなければならない代償とのバランスの問題が主題化されている。

二〇一二年のパロディ映画は、こうした受容史の先に位置する現代的解釈の試みであったと言うことができるだろう。そして最新の二〇一三年版は、これらの紆余曲折を総括した上での原点回帰の試みである。ここでは原作で設定された歴史的な舞台を美しい映像によって描いて見せることで、原作の雰囲気をあたう限り忠実に再現し、またそのことによって「戦い」という主題を、イデオロギーを排した中立的立場から切り出そうと試みられている。すなわち、自らが信じる正義のために着手されたはずの戦いがその過程で無関係な他者への暴力を伴い、仲間内での内部粛清をも招くという矛盾を通じて、正義とは何かを問うことに焦点を絞った主題化である。だが先に触れたように、こうして構造的に抽出された「戦い」の物語は、そのことによっていわば脱色され、むしろ単調なものになってしまった。

原作に立ち戻ってコールハースの物語を追っていくと、彼の戦いは、それ自体が一義的な意義づけを拒むものであることがわかる。戦いの出発点にして象徴的な終着点である、損なわれた黒馬の回復という目標は首尾一貫しながらも、戦いの意義は決して一様ではなく、物語の中で絶えず変化している。逆に言えば、コールハースの矛盾は、一つの理念のもとに戦いが遂行されていく途上でそれが現実と齟齬をきたし挫折するという類のものではないのである。

本章では、クライストの『ミヒャエル・コールハース』を主人公の同一性の喪失とその回復をめぐる物語として読み、この同一性の問題が主として二〇一三年の映画の中でどのように描かれているかを考察する。そもそもコールハースが目指した権利の要求、正当性の主張とは、つきつめれば他者による承認の獲得の試みに他ならない。ここではこの他者という存在が原作と映画とでそれぞれどのような形で現れているのかを比較することによって、この物語の持つ問題性を取り上げたい。

## 2　『ミヒャエル・コールハース』における同一性の問題

### ◆社会的同一性の揺らぎ

冒頭でも触れたように、小説『ミヒャエル・コールハース』は、馬商人コールハースが土地貴族ヴェンツェル・フォン・トロンカの領地トロンケンブルクで、売り物として連れていた黒馬を不当に押収されるところから始まる。市場へと向かう途中、いつものようにトロンケンブルクを通過しようとしたコールハースは、これまでにはなかった「遮断棒」[9]によって通行を阻まれ、トロンカの手下によって見覚えのない「通行証」[10]の提示を要求される。それを持たないコールハースはトロンカとの直接の問答の末、通行のための担保として、これから市場で売るつもりであった黒馬二頭を置いて行くことを強いられるのである。

コールハースが最初に直面するこの問題が、すでに彼の社会上の同一性をめぐって生じたものである。このとき要求される通行証とは、書面による権利の証明であり、また馬商人としての彼の身分を保証するものである。実際には通行証の存在自体が虚偽のものであり、したがってその提示を求めるトロンカ側の要求は初めから不当であることがのちに明らかになるのだが、コールハースが疑念を抱きながらもこの要求を飲み、役所にて「文面として書かれた証明書」[13] の発行を申請するとき、彼は図らずもトロンカによる〈権利を持たない者〉という規定を自ら受け容れたことになる。

トロンケンブルクでのこの足止めの事件を、D・グラートホフはコールハースの「客体」体験として指摘した。この出来事を通じて、コールハースは主体的存在から「客体」へと降格させられる、すなわち、「自分自身を自分で定義するだけでなく、同程度に人からもまた定義される」ことを経験するというのである [Grathoff, 88]。もちろん、黒馬の損傷という物理的問題がコールハースの戦いの主たる原因であることには議論の余地がない。だが、より重要なのは、馬商人として扱ってもらえないという処遇が、「コールハース」という人間に対する一種の他者規定として機能し、それによって馬商人としての彼の同一性が揺るがされているということである。もしこのとき要求される担保が黒馬でなかったならば、彼の物語はまた違ったものになっていただろう。

コールハースの容姿に関しては、小説中ではほとんど伝えられていない。これは自然的・肉体的同一性よりも、社会的同一性が重視されていることの表れであると考えられる [Grathoff, 92]。物語の中盤、コールハースが彼の部隊を解散させたのち、マイセン公子と初めてまみえる際の二人のやりとりはこのことを象徴的に示している。公子はコールハースのいる部屋に足を踏み入れ、「半ば衣服を脱ぎかけた状態で机に向かって立っていた」この男に、おまえが馬商人のコールハースか、と問う。コールハースはこれに対し、「彼の関係性について書かれたいくつかの書類が入った紙入れをベルトから抜き取り、それを公子に恭《うやうや》しく手渡して」、そうだと答えるのである［56］。ここではコールハースは裁判を待つ身でありながら、その身なりはきちんとしてはおらず、目の前の人間による「おまえは何者か」という質問に対してもなお、立ち姿や口にする言葉によってではなく、書類の提示でもって返答している。ここに見られるように、コールハース自身もまた、自らの同一性の保証に際して、書面による社会上の身分証明を優先しているのである。

## ◆複数の次元で失われる同一性

このことを裏づけるように、コールハースは権利の要求を、まずは社会的に権威ある公的機関を通じて行なおうとする。損なわれた黒馬の回復を求めるために、すなわちトロンカによって押しつけられた

〈権利を持たない者〉としての負の同一性を払拭するために彼が企てるのは、自らの力による権利の主張ではなく、裁判所による権利の承認である。コールハースはトロンカの違反行為に対する法的処罰、および自らが被った損害の補償を要求する「苦情申し立て」〔21〕を裁判所に提出する。

このときコールハースが自らの訴えを、彼自身の個人的な問題ではなく、公的な問題として捉えている点は注目に値する。トロンケンブルクから家へと戻る道すがら、彼は立ち寄った至る所で、「トロンケンブルクで旅行者が毎日のように不当な目に遭わされている」〔16〕ことを耳にする。それまでは自分に降りかかった災難について、自らの方に非がある可能性を捨てきれず葛藤していたコールハースは、これ以降、むしろ「未来の同胞市民のために」〔16〕行動を起こすことこそが義務であると考えるようになる。それこそが神の御心にかなう行いなのではないか、という妻リースベトの言葉も励みとなって、ようやく彼は「公的な正当性を自らのために要求すること」〔21〕を決意するのである。

だが、こうした意図の上に提出されたコールハースの訴えは、法廷で却下されてしまう。しかるべき人物の助言のもとに書かれた、上訴を求める請願書も、役所内でトロンカの息のかかった者の手に渡ってしまい、結果としてコールハースを「無用の訴訟狂」〔24〕であるとする決議文が正式に出されることになる。皮肉にも、まさに彼が求めていた書面による御達しを通じて、彼の非正当性が証明されてしまうのである。それと同時に、私的な利害関心からではなく公的な目的のために行動する善良な市民としての彼の自己規定は、ここにおいて完全に否定されることとなる。

裁判所という権威を頼りにできなくなったコールハースは、別の権威である選帝侯への直訴を試みる。だが、そのことがさらなる不幸へと彼を導いていく。女性の方が男性よりも近づきやすいだろうとの考えからコールハースの代わりに直訴に行くことを申し出た妻が、選帝侯のすぐ目の前にまでやみくもに突き進んでしまったがために衛兵によって阻止され、そのときに受けた傷がもとで命を落とすのである。

クライストの生前に雑誌『フェーブス』に掲載された第一版では、コールハースが妻を埋葬したのち、トロンカへの実力行使を用いた「復讐」にとりかかろうとする場面で物語は幕を下ろすが［DKV 60/62］、この時点でコールハースは三つの異なる領域で同一性を喪失していることになる。彼は戦いに臨む前に、馬商人として、また公的目的を追求する善良な市民として、さらには一人の女性の夫としてのアイデンティティをもはや保証することができなくなっているのである。とりわけ妻を亡くしたことが彼の戦いにとって大きな転機となっており、これ以降、コールハースの戦いは明らかにトロンカに対する個人的な復讐の色を強めていくのだが［Grassau, 247］、その裏には彼自身の、複数の次元において失われた同一性の問題が横たわっており、それらの回復を求めてコールハースは奮闘するのである。

## 3　同一性の回復に向けて

### ◆他者による承認への期待とその挫折

コールハースがどのような人間であるかという問題に関して、二〇一三年の映画に最も特徴的なのは、彼の「父親」としての側面が強調されている点である。五人の子を持つ親という原作の設定は書き換えられ、映画ではコールハースは一人娘リースベト（原作ではリースベトは妻の名前）に馬の飼育の方法を教える教育的父親として描かれている。この口数の少ない聡明な少女は、映画の後半で「何のために戦うのか」という問いをコールハースに投げかける。彼女はコールハースにとって、いわば戦いの意義を問う他者なのである。その彼女を常に主人公に寄り添わせることにより、二〇一三年の映画では、正義のための戦いが孕む矛盾を問うことに重点が置かれている。

それに対し原作では、コールハースは自らの戦いを意義づける他者を獲得することにかなり積極的である。ここまで他者、と簡単に述べてきたが、物語の中で他者とはどのように描かれ、またコールハースはそれとどのように関わっているのだろうか。

すでに述べたように、自らの正当性の承認を求めるコールハースの試みは、まずは公的なレベルから着手されている。黒馬の剥奪という不当な目に遭ったとき、彼が最初に企てるのは、抗議文を通じて裁判所に訴えを提出することであった。このときコールハースが相手にしている他者とは、顔の見えない、一般的かつ実務的な存在である。ここでは「個人」が重要性を持つことはなく、もっぱら出来事そのものを扱うことを目的とした即物的な対応のみが要求される。

しかし、法的手続きによるこの訴えが挫折すると、コールハースは具体的に顔の見える他者に期待を寄せるようになる。選帝侯への直訴を試みるにあたって、コールハースは妻リースベトに対し次のように言う。

おまえ、問題は残ったままではあるけれど、何も不安がることはないよ。私は決議文を受け取ったんだがね、そこにはこうあるんだ、土地

貴族ヴェンツェル・フォン・トロンカに対する私の訴えは無用の悶着だ、とね。でもここには何か誤解があるに違いないから、決めたよ、同じ訴えをもう一度、今度は君主様本人に個人的にお届けしてみようと思うんだ。〔……〕君主様自身は公正な方だ、知っている。だから君主様の周りを固めている者たちの間を抜けて、君主様本人に見舞えることができさえすれば、間違いないよ、正当な権利を頂戴することができるはずなんだ。［27-28］

このときコールハースは公的な場で生じた「誤解」を、私的・個人的なレベルに落とし込むことによって解消できると期待しているのである。ここには「一般的他者との関係において生じてしまう誤解に対する不安と、逆に、具体的他者との関係に期待される完全な相互理解への希望」［西尾、一五頁］が確認される。コールハースは、一方では書面による公的な身分証明を優位に置きながら、しかし他方で同時に具体的な他者とのあいだに築きうる私的な関係に、自らの同一性を保証する役割を期待するのである。

だが、ここでコールハースが期待を寄せる「親密圏によって構成された公共世界」［西尾、一五頁］は、さらなる「誤解」によって崩壊する。すなわち先に触れた、選帝侯への直訴を試みた妻の事故死である。選帝侯との「個人的」な接触を求めるプロセスの中で、コールハースにとって最も親密度の高いはずの妻という他者が失われるこのくだりは、具体的他者との相互理解の不可能性を暗示しているようでもある。

### ◆世間へのアピールという手段

こうして、さらなる訴えの可能性を閉ざされたコールハースは、ついに実力行使による「復讐」へと手を染めることとなる。しかし、ここでも彼の戦いの本質的なあり方が変わったわけではない。このときコールハースは、実力行使と平行して、「命令書」を公布することで自らの正当性を世間に知らしめようとするのである。これは公的機関、そして個人的なつながりとはさらに別の場所で他者の承認を求める試みである。

コールハースは命令書を通じて、まずは「土地貴族ヴェンツェル・フォン・トロンカにいかなる援助もしないよう」、彼を見つけ次第「自分に引き渡すよう」に要求する〔34〕。二度目の命令書では、「善良なるキリスト者の諸君」という呼びかけに始まり、「全キリスト教徒の敵である土地貴族フォン・トロンカに対し、各々なすべきことをなせ」〔36〕との命が下される。続けて出された別の命令書では、コールハースは自らを「領邦にも世俗にもとらわれない者、すなわち神にのみ従う男」〔36〕と呼び、その戦いの正当性を熱く主張している。この熱に浮かされた自己規定の試みは、最後には自分を「大天使ミヒャエルの代行者」〔42〕と呼ぶまでに発展する。この一連の命令書をコールハースは「旅行者やよそ者たちを通じて一帯にばらまき」[34]、さらには「市庁舎の一隅に自分で貼り付け」ている[38]。

これらの呼びかけの中でコールハースは、一般的他者とも具体的他者とも異なる、新たな他者を対象にしてアピールを行なっているのである。それまでの公的な場、私的な場での承認要求の失敗を経て、コールハースはついに彼の訴えを、命令書を通じて「国全体に」知れ渡らせる[34]。このとき彼は「ミヒャエル・コールハース」という「個人」を前面に押し出した私的な存在として、個々の市民という私的存在――少なくとも、何らかの公的な役割を持ってこれを読むのではない人々――に対し、しかし具体的な顔を見据えながらではなく、公共の空間を通じたやり方で接続を試みるのである。

この命令書の描き方は、それぞれの映像作品において大きく異なっている。二〇一三年版の映画では、コールハースの命令書による一連の呼びかけは、残念なことにすべてカットされてしまっている。この映画では、戦いに加わろうとする人々が彼のもとに続々と集まってくることから、世間での彼の評判の広がりが自ずと窺えはするが、コールハースの側から世間に対して積極的なアピールがなされることはない。これに対し、学生運動時代のシュレーンドルフ監督作品では、コールハース本人ではなく彼のもとに集う若者たちが、アピールのための張り紙を提案し、実行に移している。その際に彼らは、役所の壁にペンキででかでかと「コールハース」の名の落書きを施し、その名のもとに町の人々に戦いへの参加を呼びかける。ここではコールハースは自らの戦いの意義づけを他者に完全に託した受動的な存在である。アメリカ版『ジャック・ブル』では、主人公自身が命令書を作成するが、これはあくまでトロンカ役にあたる敵に対し、一定期間内での馬の回復を求める内容のものである。主人公はこの文書の印刷、貼り付けの作業を、徒党外の人間に料金を支払って依頼している。自らの正当性を主張するよりも相手側の非を、それも社会上のしかるべき手続きを経た上で公にするというこの戦略によって、正当性を云々することではなく世間を味方につけることが戦いの勝敗を分けるという点が上手く描かれていると言えよう。

## ４　新たに生じる他者規定

### ◆ルターによる二重の反応

コールハースが命令書において展開した、自らを正義であるとする自己規定に対し、同じように布告文を通じてその不当性を弾劾する人物として、マルティン・ルターが登場する。ドイツ宗教改革の父であるルターは、史実上でも一六世紀のハンス・コールハーゼの一件に関わりを持っていたことが確認されている［Hamacher, 2010, 72-74］。実際にはこの二人が顔を合わせることはなかったが、クライストは彼のコールハースをルターに直接に会わせ、正義および権利の問題をめぐる対話をさせている。二〇一三年の映画では、ルターとおぼしき聖職者は一貫して戦いの非妥当性と神の義を説き、コールハースに武器を捨て秩序ある振る舞いを取り戻すよう要求する。だがこれも、原作と照らし合わせると、かならずしも一面的な立場からの説得に終始するものではないことがわかる。以下にそれを確認してみよう。

小説中でルターはまず、コールハースと会う以前に、掲示文を通じて彼の行動を咎める内容の声明を発表する。その中でルターはコールハースを「神を忘れし者」と呼び、その剣は正義の剣などではなく「略奪と殺意の剣」であるとして、実力行使による彼の戦いを非難している［43f.］。その声明を目にした瞬間、コールハースの顔は赤らみ、「手下たちの真ん中に戻ってきて、何かを言おうとするように見えるが、しかし何を言うでもない」という状態に陥る［45］。「すっかり退廃した状態にはまり込んでいる彼から武器を取り上げるのに、このわずかな言葉以上のものは必要なかった」［45］と語り手が述べるほどに、ルターによるこの声明はコールハースにとって大きな衝撃を与えたのであった。

それもそのはず、コールハースにとってルターは二重の意味で重要な存在なのである。まず第一にルターは、公的領域において強大な発言力を持つ人物である。それは彼が、コールハースを

「人間的秩序の堤防へと押し戻す」という仕事を公に依頼されるだけの「名望」を有していることから確認される〔43〕。第二に、コールハース夫妻はルターに個人的な面識はないものの、宗教を通じて以前から親しんでいる。コールハース夫妻は「当時まさに芽を出し始めていた〔ルター派という〕宗派」〔30〕を信仰しており、その意味でルターはコールハースの私的生活においてもまた、ただならぬ意味を持つ存在である。そのルターの名を冠した声明は、コールハースにとって、いわば公私両面から訴えかける力を持つものだったのである。

声明文を読んだコールハースは、ルターによる負の評価を払拭するために、その日のうちに彼のもとを訪れている。ここでも選帝侯への直訴のときと同様に、「個人的」なやりとりが望まれていることが確認される。ここでさらに注目したいのは、このときコールハースに対するルターの態度の方もまた一面的なものではないという点である。ルターはまず、まさに自分が布告文によって警告を突きつけた危険人物が目の前に現れたことに驚き、当然ながら拒絶の反応を示す。「何が望みだ？」との問いかけに対し、コールハースが戦いに関する彼の持論を展開したときも、ルターはそれに対して社会的見地から逐一反論している。しかし、コールハースが「一筋の涙をその頬に伝わせて」〔48〕妻の死について切々と述べると、それに対しルターは同情的な姿勢を見せる。彼は「幾種類もの考えをめぐらせながら」コールハースの案件に関する書類をふたたび手に取り、ついに「おまえのために選帝侯と交渉してみよう」と言うのである〔48〕。このときルターは、コールハースが求める「告解による赦しの秘跡」〔49〕を与えることは依然として拒否する。聖職者としての立場からは、すなわち彼の公務を通じた社会的なレベルでは、ルターはコールハースに対し拒絶の態度を保っていると言える。しかし、個人的な次元でなされたやりとりの中では、ルターは彼に同情を示し、援助の手を差し伸べようとするのである。

こうしたルターのあり方が示唆しているように、コールハースに対する評価は、小説の内部ですらもはや一義的に定められるものではない。コールハースが命令書を通じて自らの戦いを様々な角度から意義づけてきたように、彼のアピールを受けてそれに応答する者たちも、それぞれの立場からその戦いを評価し始めるのである。極端な例としては、コールハースが、彼を軍事力によって抑えようとする統治者側との戦闘において「軍事上の名声」〔37〕を博するというくだりがある。後でもう一度詳しく触れるが、コールハースがその一連の戦いを通じて、「民衆の抑圧者らを炎と剣でもって追い立てる死の天使」〔55〕として、民衆の多大なる支持を得るのである。当初は実直な考え方にもとづいて自らの振る舞いを決めながら、行く先々で不当な目に遭っていた彼が、個人的な考えから自力で復讐を繰り広げるようになって以降、むしろ周りからの支持を受けるという奇妙な転換がここで生じている。

### ◆コールハース部隊内部の他者

コールハースの戦いをどう意義づけるかという問題に際して、ともに戦いを遂行する彼の手下たちにも目を向けてみたい。彼の部隊の内部でも、その戦いの意義は一つではない。トロンカの屋敷を初めに襲撃したとき、コールハースの手下たちはそれぞれ思い思いの動きをとっている。シュテルンバルトは他の幾人かの手下たちと一緒になって戦利品を探し、ヘルゼは歓喜の声を上げながら、以前彼に「足と鞭と棒で」[20]散々に暴力を振るったトロンカの手下とその家族を虐殺し、その死体を窓から投げ落とすことで、彼自身の復讐を果たすのである[33]。

　コールハースの部隊は、彼自身による「戦利品の見込み」[35]を売りにした募集を通じて、段階的にその勢力を強めていく。これは彼の戦いを直接に支持する人間の数が増えることを意味する。だが、このことがコールハースにとってすべて有利な結果をもたらすかというとそうではない。戦いが進むに連れて、彼の部隊は内部に孕む矛盾を露呈し始め、そのことが彼の同一性に新たな問題を生じさせるか

らである。ルターのとりなしによって、武装解除を条件にコールハースに恩赦が与えられたとき、彼はすぐさまこれに従い、部隊を解散させている。しかし、それによって彼がそれまでなしてきたことがすべて清算されたわけではなかった。手下の一人であるナーゲルシュミットが、それ以降もコールハースのあずかり知らぬところで彼の名を騙り、略奪行為を続けるのである。そして、この事実を弱みとして利用した敵対者の策略により、彼の恩赦は取り消されることとなる。

これはコールハースがすでに部隊を解散させた後のことであり、彼にしてみれば、思いもよらぬところに生じた責任である。しかし、「ならず者」たちを金品で釣り、彼らに居場所を与えた時点で、コールハースの戦いはすでに彼だけのものではなくなっていたのである。戦いの目的を異にする「ならず者」たちにしてみれば、コールハースが正義であるかどうかはそもそも問題ではない。このことを二〇一三年の映画が興味深い形で描き出している。この映画では、コールハースが部隊を解散させるにあたって、彼自身の管理のもと、雇った者たちに対しその働きや境遇に応じた報酬を渡している。その際に雇われ者の一人が、自分がこれからどこに行けばいいのかわからないということを意気消沈した様子で切々と彼に訴えるのである。コールハースが武器を捨て「人間的秩序」を回復したことが行く当てのない失業者を生んだという皮肉な状況が、ここには描かれている。

こうして、初めはコールハースとトロンカという二者のあいだに始められたはずの戦いが、あらゆる方面から様々に意義づけられていく。ここにおいて「ミヒャエル・コールハース」という名は、もはや単なる個人を意味するものではない。いまやそれは一つの象徴、一つの看板であり、そこにさらなる意味を添える他者の力を借りて、その看板が一人歩きを始めるのである。

## 5　他者存在の不透明性

### ◆「世間」という他者

「ミヒャエル・コールハース」という看板に意味を付け加えるのは、なにも利害関心から自主的に彼に近づこうとする者たちばかりではない。コールハースの戦いの規模が拡大するのに伴って、その戦いに対する意義づけも、より広い層の人間たちによってもたらされるようになる。このときコールハースの戦いが複数の他者のそれぞれの立場から多面的に意義づけられていくのに並行して、他方ではまたその戦いに対し一つのまとまった評価が生じ始める。これは「世間」の声によるものである。

コールハースの正当性の主張は、最終的には書面として作成した命令書を公の場に掲示するという方法を通じて、不特定多数の他者に向けてなされていた。ルターとの対話の中で彼自身が述べているように――「コールハースは彼女〔妻リースベト〕が決して不当な争いの中で死んだのではないことを世間に示そうとしているのです」〔48〕――、このとき彼が相手にしているのは「世間／世界〔Welt〕」という存在である。先に確認したように、自らの正当性の主張に公私の両面で挫折したのちにコールハースが新たにアピールの対象とする他者が、この「世間」なのである。

### ◆世論の担い手としての「民衆」

「世間」の声を具象的に体現する存在として、小説中には「民衆」が登場する。この「民衆／群衆」を意味する「フォルク〔Volk〕」という語は、従来は身分によって分けられた社会の中で下層階級を指す言葉であったが、一八世紀後半以降、一つの民族のうちのあらゆる階層を包括する民主主義的な概念として意味内容の変化が起こった〔Koselleck, 147〕。いわばその意味変遷の分岐点となる時代に生きたクライストがその語をどのように理解していたのかは、注意して扱うべき問題である。とりわけ、小説の舞台である中世の時代には民衆と呼ばれる者たちが通常「文字を読めない存在」であったことをふまえるなら、それを例えばハーバーマスが『公共性の構造転換』において定義した「読者公衆〔Publikum〕」と重ねて捉えることには慎重でなければならないだろう〔Jin, 116〕。しかし、小説中でコールハースの評判が「うわさ〔Gerücht〕」を通じてあらゆる場所に広まっているのもまた事実であり〔Jin, 116〕、その点ではこの「民衆」を小説内の「世論」の担い手とみなすのは、かならずしも不当な読み方ではない。そうした「民衆」がコールハースの戦いに、その行く末を左右するほどに大きな影響を与えるのである。

コールハースの戦いがその暴力性において頂点に達し、彼が「相当の数の家々と、街の城壁の外に立つほぼすべての建物を灰燼に帰せしめた」〔38〕段になって、街の住民たちの怒りの矛先はコールハースに対してではなく、その戦いの原因を作ったトロンカの方に向けられる。このとき彼らは「思慮分別を失った群れ」〔39〕となって、トロンカが身を隠す屋敷を包囲し、それにより「彼〔トロンカ〕に何としてでもその街からいなくなってもらいたいと願う民衆の暴力」〔38〕から彼を守るために当局が護衛をつけるという事態にまで発展する。この一件を通じてトロンカは、その評判も心身の状態も満身創痍となり、情勢は完全にコールハースに有利に傾くこととなる。

民衆による支持と暴動というこの現象は、クライストの生きた時代にフランスで実際に起こった歴史的事件、すなわち一七八九年の革命を容易に連想させるが、しかしコールハースの戦いを「革命」として捉える読み方は、実は研究史において幾度も否定されている（代表的なものとして、Horn, 53; Fink, 65-68; 深見、七二～七四頁; Raue, 143f.）。たしかに、小説中には一度、コールハースが命令書の中で「よりよい秩序」に言及し、その創出を目標として民衆に呼びかける場面がある〔42〕。

だが、これは民衆の支持を得るための方便と解釈すべきであって、彼が自ら民衆の代表者として革命の先頭に立とうとしたことを意味するものではない。コールハースがこうした呼びかけを民衆に向けて発していたという事実は、むしろ彼が大衆操作という戦略に自覚的であったことを示すものである。このことを裏づけるように、選帝侯に宛てたルターの手紙の中には次のような一説がある。

世論は、この上なく危険な具合にこの男〔コールハース〕に味方しており、この男が三度にわたって灰燼に帰せしめたヴィッテンベルクにおいてさえ、彼に有利となる声が上がるほどです。したがってこの男は、彼の申し出がはねつけられようものなら、それを間違いなく憎しみに満ちた所見を添えて民衆に知れ渡らせることでしょうから、そうすると民衆はいとも簡単に誘導され、国家権力をもってしても、彼らに対しもはや何をもなしえないというほどの事態になりうるでしょう。[50]

ここに示唆されるように、コールハースは民衆の声が戦いの行方を決める重要なファクターであることをおそらく知っており、はたしてコールハースに呼びかけられた民衆は、それに応答することによって情勢を彼に有利に傾かせるのである。

また、直接に行動を起こさない場合でも、民衆は「見る者」として物語の背後に控え続けている〔Jin, 119-123〕。ルターのとりなしによってドレスデンの法廷でコールハースの案件が再度審議されることとなり、そのために彼が当地に赴く場面、また行方不明になっていた黒馬が発見され、それが本当にコールハースのものであるかどうかを本人立会いのもとで検証する場面、そして物語のほとんど終盤にあたる箇所で、「ジプシー女」が予言を書き込んだメモをカプセルに入れてコールハースに手渡す場面――これら物語の要となるすべての場面において、「民衆」は登場人物たちを取り囲み、彼らの行動を見守っているのである。そして物語の最後、コールハースの処刑の場面では、「その亡骸は、民衆が一同に悲しみにくれる中、棺に納められた」〔105〕と伝えられている。ここにおいてコールハースの最終的な勝利が確定する。コールハースの正当性は、「民衆」一同から寄せられた同情によって保証されたのである。

とはいえ、この民衆という存在の性質を考えるなら、コールハースに対するこれらの支持もまた偶然的で不確かなものであろう。コールハース部隊の内部でも利害が一致していなかったように、民衆と呼ばれる人々も、それぞれ別の利害から動いていた蓋然性は低くはない。そうでなくとも民衆は、「思慮分別を失った」〔39〕、「簡単に誘導されうる」〔50〕存在として描かれていたはずである。それでも彼らは――「彼ら」というまとまりが具体的に誰を指すのかももはや明確ではないが――戦いの行方を決定し、コールハースの正当性を証明するという重要な役割を担い続ける。一人ひとりでは私的な存在であるはずの人間が集団となったとき、それは確たる思慮に支えられたものであろうとなかろうと、公的な「声」を形成し、国家を揺るがすほどに強大な意味を持ちうるのである。

## 6　小説の謎と古典文学作品の映画化

『ミヒャエル・コールハース』、ひいてはクライスト作品全般には、しばしば不確定性、多義性が指摘されている。これを例えば作品が書かれた時代の歴史社会の転換という枠の中で捉え、『コールハース』の中に、旧来の封建時代の象徴と、一義性から脱しようとする新時代の象徴との共存を指摘するなら［Bogdal, 187］、このとき興味深いのは、小説の中で秩序体系の解体が起こっている点ではなく、むしろ既存の秩序と思しきものが、しかし複数の階層、複数の人間からなる多層的な社会の中で微妙なバランスの上に成立している点であろう。本論のテーマに戻って言えば、一人の人間の同一性を保証する他者もまた一様ではないということである。H・ガラスは「主体のアイデンティティ確立の行為が多様であること」［Gallas, 90］、すなわち主体が何度も着替えをするように、無限に自己規定を続けていることを指摘しているが［Gallas, 91］、重要なのはそれだけではない。仮にコールハースが同じ顔、同じ服のままでだったとしても、小説に描かれたような世界の中では、彼の像はやはり揺らいで映ったことだろう。

二〇一三年の映画では、正義のために企てられたはずの戦いが行き着く矛盾という問題に焦点が絞られていたため、戦いの意義づけを決定する要因が実は戦いそのものの外にあるという点にあまり注意が払われていなかったように思われる。繰り返し述べたように、コールハースの戦いは、彼の権利を承認する他者なくしては成立しえないものなのであり、その他者がそもそも不定形であることが彼の戦いの評価を困難にしているのである。

コールハースは「世間」を暴力でもって脅かしたが、彼自身もまた「世間」という他者による規定を受けることで、それに翻弄される存在でもある。不特定多数の人間からなるこの不透明な集合体は、実はコールハースと直接的な関わりを持たないところにも登場している。彼の妻が選帝侯への直訴に失敗し命を落とす例の場面で、語り手は次のように述べている。

どうやら彼女〔リースベト〕は君主本人の目の前にまであまりにもあつかましく突き進んでしまい、君主に落ち度があったというわけではなく、彼の周りを固めていた一衛兵の純然たる熱心さによって、槍の柄の部分による一突きを胸部にくらってしまったようだった。少なくとも、意識不明の状態にあった彼女を、夕方ごろ宿屋に運び込んだ人々が伝えるところではそうだった。というのも、彼女自身は口からあふれ出てくる血に邪魔されて、ほとんどしゃべることができなかったからである。〔30〕

「どうやら〔Es schien〕」とわざわざ留保がついているように、彼女の死の本当の原因は、語り手すら知らない、小説に残された謎である。妻の死という、物語の中で最重要とも言うべきこの出来事は、まぎれもない一つの事実であるにもかかわらず、しかしそれは顔のない「人々〔Leute〕」によって間接的に伝えられるのみで、真相は誰にもわからないのである。

戦いの最終目標であった黒馬でさえ、舞台から一度退いた後、「定かではないうわさ」〔59〕を通じてふたたび姿を現したのではなかったか。それについてはたしかにコールハース自身が首実検を行ない、自分の馬であることを認めてはいる。しかしこの馬が誰の手をどのように渡ってきたのかは、結局のところ定かではなく、その存在は宙に浮いたままである。こうして、小説の中には出所のはっきりしない不確かな出来事が渦巻き、もっとも重要な場面においてさえ、不気味に謎を残したまま物語が進行していくのである。

小説中に残されたこれらの謎は、スクリーン上での可視的な表現を媒介とする映画にとって、相性のわるい要素となりうるかもしれない。だがそれは、使い方によっては同時に格好の材料ともなろう。小説内部で説明のつけられないこうした部分こそ、読者のさらなる「読み」を誘い、解釈の多様性を保証するものでもあるからだ。原作から時間や場所を隔て、その都度の現代において解釈することが古典文学作品を鑑賞する醍醐味の一つでもあるとすれば、そうした古典作品の映画化の可能性もまだまだ残されていると言えるだろう。

## 本章でとりあげた映画

『バトル・オブ・ライジング　コールハースの戦い』原題 *Michael Kohlhaas*　二〇一三年　フランス・ドイツ映画

*Michael Kohlhaas*　一九六七年　ドイツTVシリーズ（WDR）

*Michael Kohlhaas, der Rebell*　一九六九年　ドイツ映画

*The Jack Bull*　一九九九年　アメリカ映画

*Kohlhaas oder die Verhältnismäßigkeit der Mittel*　二〇一二年　ドイツ映画

## 参考文献

### 文学作品

Kleist, Heinrich von: *Sämtliche Werke und Briefe*. Münchener Ausgabe. Auf der Grundlage der Brandenburger Ausgabe, Bd. 2, Erzählungen, Kleine Prosa, Gedichte, Briefe. Hrsg. von Roland Reuß und Peter Staengle, München 2011. 小説『ミヒャエル・コールハース』からの引用は、本テクストを使用し、［ ］内に数字で頁数を示した。

Kleist, Heinrich von: *Sämtliche Werke und Briefe in vier Bänden*. Bd. 3, Erzählungen, Anekdoten, Gedichte, Schriften. Hrsg. von Klaus Müller-Salget, Stefan Ormanns und Hinrich C. Seeba, Frankfurt am Main 1990. (DKV)

## その他の文献


Apel, Friedmar: *Kleists Kohlhaas. Ein deutscher Traum vom Recht auf Mordbrennerei.* Berlin 1987.

Bogdal, Klaus-Michael: „Mit einem Blick, kalt und leblos, wie aus marmornen Augen“. Text und Leidenschaft des „Michael Kohlhaas“. In: Grathoff, Dirk (Hrsg.): *Heinrich von Kleist. Studien zu Werk und Wirkung*. Opladen 1988, S. 186-203.

Breuer, Ingo: Art. „Filme“. In: Breuer, Ingo (Hrsg.): *Kleist-Handbuch. Leben-Werk-Wirkung*. Sonderausgabe, Stuttgart / Weimar 2013, S. 459-464.

Fink, Gonthier-Louis: Das Motiv der Rebellion in Kleists Werk im Spannungsfeld. Der Französischen Revolution und der napoleonischen Kriege. In: Kreutzer, Hans Joachim (Hrsg.): *Kleist-Jahrbuch 1988/89*. Berlin 1988, S. 64-88.

Gallas, Helga: *Das Textbegehren des «Michael Kohlhaas». Die Sprache des Unbewußten und der Sinn der Literatur*. Reinbek b. Hamburg 1981.

Grassau, Catharina Silke: Recht und Rache. Eine Betrachtung der inneren Wendepunkte in Kleists Michael Kohlhaas. In: Barthel, Wolfgang / Janz, Rolf-Peter (Hrsg.): *Beiträge zur Kleist-Forschung*. Tübingen 2002, S. 239-258.

Grathoff, Dirk: Kleists „Michael Kohlhaas“. In: Ensberg, Peter / Marquardt, Hans-Jochen (Hrsg.): *Politik —Öffrntlichkeit — Moral. Kleist und die Folgen. 1. Frankfurter Kleist-Kolloquium, 18. – 19.10.1996. Kleist-Gedenk- und Forschungsstätte [Kleist-Museum] Frankfurt (Oder)*, Stuttgart 2002, S. 85-102.

Hamacher, Bernd: *Heinrich von Kleist, Michael Kohlhaas. Erläuterungen und Dokumente*. Stuttgart 2010.

Hamacher, Bernd: Art. „Michael Kohlhaas“. In: Breuer, Ingo (Hrsg.): *Kleist-Handbuch.* 2013, S. 97-106.

Horn, Peter: *Heinrich von Kleists Erzählungen. Eine Einführung*. Königsten 1978.
Hugendick, David: Aber immerhin Mads Mikklelsen. Kleists Novelle „Michael Kohlhaas“ ist eines der radikalsten Werke der deutschen Literatur. Davon hat Arnaud des Pallières’ Verfilmung leider nicht viel übrig gelassen. In: Zeit Online. 2013. http://www.zeit.de/kultur/film/2013-09/film-michael-kohlhaas
Jin, Il-Sang: *Die gesellschaftlichen Formationen in Heinrich von Kleists Erzählungen*. Berlin / Bern / New York / Paris / Wien 1997.
Kselleck, Reinhart: Art. „Volk, Nation, Nationalismus, Masse“. In: Brunner, Otto / Conze, Werner / Koselleck, Reinhart (Hrsg.): *Geschichtliche Grundbegriffe. Historisches Lexikon zur politisch-sozialen Sprache in Deutschland*. Bd. 7. Stuttgart 1978, S. 141-431.
Raue, Peter: Kleists Rechtsdenken. In: Haller-Nevermann, Marie / Rehwinkel, Dieter (Hrsg.): *Kleist — ein moderner Aufklärer?* Göttingen 2005, S. 133-145.
イェーリング、ルードルフ・フォン『権利のための闘争』村上淳一訳、岩波書店、二〇一〇年
西尾宇広「公／私をめぐる価値観の交錯——クライスト『ミヒャエル・コールハース』」、『研究報告』第二四号、京都大学大学院独文研究室、二〇一〇年、一～一九頁
深見茂『ドイツ近代短篇小説の研究——その歴史と本質』東洋出版、一九九五年

付記
本章の執筆にあたり、日本学術振興会特別研究員奨励費（課題番号二五・四〇三）の助成を受けた。ここに感謝の意を表したい。

# 第4章　アルプスという名の神
## 『ハイジ』映像化作品の宗教性について

川島　隆

### 1　ヨハンナ・シュピーリの原作小説——複雑な宗教的性格

古典と目される文学作品の多くが、映像化されて新たな生命を獲得している。その中には、「原作に忠実」だと歓呼の声をもって迎えられる作品もあれば、逆に原作を台なしにしたと原作者や原作ファンの怒りを買ったり、そもそもタイトル以外は原作とさほど共通点のない別物になっていたり、あるいは知名度が原作を凌駕してスタンダードの地位を確立したりしている例もある。――スイスの女性作家ヨハンナ・シュピーリの小説『ハイジ』をめぐっては、おそらくその全部のケースが生じているだろう。この作品は世界中で愛読されている児童文学の古典で、アメリカで一九二〇年に無声映画になって以来、繰り返し映像化されてきた。劇場映画とテレビ放送、実写とアニメーションを合わせると、まさに玉石混淆で膨大な数にのぼる〔ちば・川島、九四頁〕。その勢いは二一世紀に入っても衰えず、次々と新しい作品が封切られている（おりしも、スイス出身の名優ブルーノ・ガンツを擁する新作が撮影中で、二〇一五年末に公開予定である）。

ドイツ語の原作は、まず一八八〇年に『ハイジの修業時代と遍歴時代』のタイトルで匿名出版されて人気を博した。アルプスの山でおじいさん（アルムおじさん）と幸せに暮らしていた少女ハイジが、山に来て三年後にドイツの大都市フランクフルトに連れて行かれ、金持ちのゼーゼマン家で暮らすようになるが、ホームシックのせいで夢遊病を発症したのを機にスイスの山に戻るまでを描く物語である。一八八一年には、ゼーゼマン家の病弱な令嬢クララが山に来て治癒するという内容の続編『ハイジは習ったことを役立てる』が著者の実名入りで刊行された。現在では、この二作を合わせて『ハイジ』と呼ぶことが多い。

この章では、数多い『ハイジ』映像化作品の中から、とくに知名度の高い三つを選び、原作と比較しながら論を進める。その際に議論の中心に据えるのが、「宗教的要素」という観点である。

## ◆原作の宗教的バックグラウンド

原作者のヨハンナ・シュピーリ（旧姓ホイサー）は一八二七年、スイス最大の都市チューリヒ近郊の村ヒルツェルに生まれた。父は村の開業医で、地域医療に尽力したヨハン・ヤーコプ・ホイサー。母は牧師の娘で、保守的な宗教詩人として活躍したメタ・ホイサー（旧姓シュヴァイツァー）。いわば農村知識人のサラブレッドの家系である。ヨハンナは本を読むのが好きな文学少女として成長し、早くから詩を書き始める。

もっとも、当時の市民階級の女性にとって、知的な生き方をするのは容易ではなかった。結婚して専業主婦になるのが望ましいとされ、職業選択の自由はなく、大学進学の道も閉ざされていたからだ。ヨハンナは一八五二年、二五歳のときに弁護士ベルンハルト・シュピーリと結婚。チューリヒで暮らすようになるが、自分に求められた妻・母としての役割になじむことができず、長年にわたり深刻な鬱《うつ》に苦しんだ。その後、精神的危機を乗り越えて一八七一年に四四歳で作家デビューを果たす。その作風は、宗教詩人だった母の影響を強く受け、内面的な信仰を重視する敬虔主義（プロテスタントの信仰復興運動）の要素が色濃く表れている〔桑原、一七頁〕。代表作『ハイジ』もまた、一九世紀後半のヨーロッパの児童文学のうちでも例外的なまでにキリスト教色が強く、神への帰依と祈りの大切さを説く内容となっている。

### ◆アルムおじさん＝放蕩息子

その宗教性は、二つの段階を踏んで表現される。まず、①おじいさんの方針で学校にも教会にも通わず、字の読み方やお祈りを知らなかった自然児ハイジは、異国の地フランクフルトでクララのおばあさま（ゼーゼマン夫人）に読書の喜びとキリスト教的な価値観を教えられる。その後、②山に戻ったハイジは、おばあさまにもらった聖書物語の本などの読み聞かせを通じ、周囲の人々にキリスト教的価値観を伝え、人々の苦しみを癒す存在となるのだ。ここでは、『ハイジの修業時代と遍歴時代』の末尾近く、暗い過去を背負ったおじいさんが救済される場面を見てみたい。

しばらく黙って歩いていたおじいさんは、物思いにふけりながら、独り言のように言いました。

「一度そうなったら、取り返しがつかない。もう戻れない。神さまに忘れられたら、あとはずっと忘れられたままなんだ」

「違うよ、おじいちゃん。本当はいつでも戻ってこれるの。クララのおばあさまがそう言ってた。そのこと、私の本のお話にも書いてあるよ。あのお話のこと、知らないのね。もうすぐ家だから、帰ったら読んで聞かせてあげる。すごくいいお話なんだよ」

〔……〕

それから数時間後、ハイジがぐっすり眠っているところへ、おじいさんが梯子《はしご》を登ってきました。手にしたランプをベッドの脇に置き、子どもの寝顔を照らすようにしました。ハイジは両手を組んだまま寝ていました。寝る前のお祈りを忘れなかったからです。血色のいい顔には、安らぎと深い信頼の表情が浮かんでいます。おじいさんは、目を離せなかったのでしょう、ずっとずっと長い間その場に立ち尽くし、眠る子どもを見つめていました。それから自分も両手を組み、頭を垂れて、低い声で言いました。

「父よ、私は天に対しても、あなたに対しても罪を犯しました。もう息子と呼ばれる資格はありません！」

大粒の涙が一滴、また一滴と、おじいさんの頬を伝って流れおちました。〔186ff.〕

ここでは引用を省略した、ハイジがおじいさんに読み聞かせる物語は、新約聖書「ルカによる福音書」第一五章に見える「放蕩息子の喩《たと》え話」である。若いころの放蕩で親の財産を食いつぶし、ナポリで傭兵生活を送っていたおじいさんは、何らかの罪――おそらく殺人――を犯して故郷に戻ってきたことが作品冒頭近く〔16〕で示唆されている。彼は妻と息子夫婦に先立たれ、そのことを神の罰と決めつけた村人たちと対立して山に隠遁し、「独りきりで神を恨み、人を恨む」〔70〕生活をしていた。つまり、二重の意味で「父」（生みの親と、父なる神）に背を向けた「放蕩息子」だったわけである。その彼が、愛する孫娘ハイジを一度失い、取り戻したことを神のはからいと理解して信仰とキリスト教的共同体に帰還するストーリーこそが『ハイジの修業時代と遍歴時代』の中軸だと言ってよいだろう。

ただし、ここで一つ注意しておきたい。『ハイジ』の宗教性は、曇りのない単純素朴なものではなく、神への疑いや不信の芽をはらんでいる。たとえば、クララのおばあさまによる祈りの勧めをハイジが一度拒絶する場面を見てみよう。

「何を言うの、ハイジ？　なんてことでしょう。どうしてお祈りをやめてしまったの？」「したって無駄だもん。きっと神さまには聞こえてないから。それに」とハイジは少しイライラした口調で言いました。「フランクフルトだと毎晩大勢の人がお祈りしてるから、私のは神さまに聞こえなかったんじゃないかな」〔138f.〕

物語の前半で、村の牧師がおじいさんの山小屋を訪れ、ハイジを学校に通わせることと、おじいさん自身が教会に復帰することを求める箇所も刺激的である。子どもの将来のことを考えて、ちゃんと学校に通わせるようにと諭《さと》す牧師に対し、おじいさんは次のように反駁する。「あの子はヤギや鳥と育ち、大きくなるのです。そういう生き物といれば幸せですし、悪いことを教わったりもしませんからな」［69］。

おそらくシュピーリ自身は、この「ルソー主義的」［Müller, 924］な教育否定の発言に対して「あの子はヤギでも鳥でもない、人間の子どもなのですよ」［70］と応じる牧師の言葉こそ正しいという思想にもとづいて書いているはずだが、おじいさんの言葉には、そうした作者の意図を超えて、宗教的な桎梏や人間社会のしがらみから逃れて大自然の中で生きることへの憧れがにじみ出てはいないだろうか。

## ◆生きる苦しみ、死ぬ喜び

もちろんストーリーの構造上は、ハイジとおじいさんが懐疑を乗り越えて真の信仰へと至る筋道が描かれるわけだから、宗教的イデオロギーが優位を占めていると言うことはできるだろう。そのような宗教性のあり方は、従来、シュピーリ作品の文学的な評価を下げる要因になってきた。

一九世紀末ドイツの代表的な児童文学評論家ハインリヒ・ヴォルガストは、シュピーリの文学的才能を高く評価しながらも、「宗教性と教訓への傾向」が文学的な味わいや登場人物のリアリティをぶち壊していると断じた〔Wolgast, 211〕。

しかし、改めて注意しておきたい。『ハイジ』の宗教性の内実とは、罪を悔い改めて神に祈れば何かいいことがある、といった「説教くさい」内容に尽きるものではない。そのことを確認するため、ハイジがもう一人、ヤギ飼いペーターのおばあさんに救いをもたらす場面を見ておこう。おばあさんは、体は丈夫だが目が見えず、いつも暗闇の中にいる。そんな毎日で生きる喜びを見失っている人物として描かれる。フランクフルト帰りのハイジは彼女に、字を読める人間がいないので棚に放置されていた「古いお祈りの本」〔60〕の埃《ほこり》を払い、一つの讃美歌を読み聞かせる。

ハイジはページをぱらぱらめくり、ところどころ小声で一行ずつ読んでみてから、「これ、お日さまの歌だ。これにしよう」と言って読みはじめました。読んでいるうちに夢中になり、声には熱がこもってきました。〔……〕おばあさんは両手を組み、静かに聴き入っていました。その顔には、ハイジがまだ見たこともないような、筆舌に尽くしがたい喜びの表情が浮かんでいました。それなのに、おばあさんの頬には涙が流れているのです。ハイジが黙り込むと、おばあさんは頼みました。

「お願いだよ、ハイジ。もう一度、もう一度聞かせておくれ。「十字架も苦しみも終わりを告げる」――ということろを」〔181ff.〕

ここでハイジが朗読するのは、「金色の太陽は、喜びと幸せに満ちて」で始まる、バロック詩人パウル・ゲルハルトの一六六六年の宗教詩『朝のめぐみ』である〔吉田、二六頁〜〕。この詩は、神を太陽になぞらえつつ、万物に光をもたらす存在である神のみもとへ帰ること、すなわち死への憧れを謳《うた》いあげる。苦しみの多い現世を去る喜びが歌われる詩句を再度聴いたおばあさんは、「ああ、ハイジ、光が見えたよ！　心の中で光が見えた！　幸せな気分だよ。ハイジのおかげだ」〔184〕と叫ぶのだ。つまり厳密に言うと、おばあさんはハイジのおかげで最終的に生きる喜びを取り戻すわけではない。ここで表明されているのは、死ぬのは喜びであり、幸せなことだという思想なのである。

こうしたラディカルな現世否定の要素は、作者シュピーリが立脚していた厳格な敬虔主義の土壌を抜きにしては語れない。これに関連して、彼女の母メタ・ホイサーの手記の中から、自分たちの村に新たに赴任してきたリベラル派の牧師のことを、無神論的な傾向があったと批判している文章を引用してみたい。

トーブラーは穏やかな人柄で、音楽と詩のセンスと才能にあふれていました〔……〕。けれども――自分でも明言していたとおり――筋金入りの合理主義者でした。しかも、自分が心から信じていない信仰を説くには、正直すぎました。そこで、生きる喜び、自然の美しさ、家庭の幸福などについて説教していたわけですが、聴衆たちの心は離れていくばかりでした。

[Heusser-Schweizer, 119]

「生きる喜び、自然の美しさ、家庭の幸福」。そのすばらしさを説教の中で強調することが、シュピーリの母にとっては反キリスト教的な傾向の証左にほかならなかったのだ。母の影響下で作家としてのキャリアを歩みはじめたシュピーリにとって、「生きる喜び、自然の美しさ、家庭の幸福」とキリスト教の信仰は、常に一定の緊張をはらんだもの以外ではありえなかった。

問題は、そのシュピーリが書いた『ハイジ』に、一面では「生きる喜び」と「自然の美しさ」を声高に主張するような要素が含まれることである。このように複雑な宗教的立場は、既存のどの宗派にも分類できない［Hale, 525］し、通常の意味で「キリスト教的」と呼べるかどうかすら怪しい［Wolgast, 211］。以下では、この一筋縄ではいかない原作の宗教性が映像化の過程でどのように処理されてきたかを、個々の作品に即して見ていきたい。

## 2　アメリカ映画『ハイディ』——シャーリー・テンプルが歌って踊る

最初に取り上げるのは、一九三七年に公開されたアメリカ映画である。これは『ハイジ』の映画化としては最初のトーキー作品とされる（もともと白黒映画であるが、現在では彩色版も流通している）。配給会社は二〇世紀フォックス、無声映画時代から多くの実績のあるアラン・ドワンが監督を務め、人気絶頂の子役シャーリー・テンプルを主演の座に据えたこの映画は、大きな商業的成功を収めた。日本でも一九三九年に『ハイディ』の邦題で公開されている。

ストーリーは大まかに『ハイジの修業時代と遍歴時代』をなぞっており、孤児ハイジが叔母デーテの手で祖父の山小屋に連れて行かれる場面から始まる。恐ろしげな髭面《ひげづら》のおじいさん（本作中では「アルムおじさん」ではなく「アドルフ・クレイマー」という名前）を前にしてもハイジは一向に動じず、二人はすぐに

打ち解ける。ただ、それ以降の展開はあまり原作に忠実ではない。最大の変更点は、おじいさんと村人の和解が作品の前半、ハイジがフランクフルトに行く前に成立していることだろう。舞台がフランクフルトに移ってからのストーリー展開には、続編『ハイジは習ったことを役立てる』の要素が部分的に取り入れられ、クララはフランクフルトの自宅で歩けるようになる。

登場人物の性格にも手が加えられており、善悪の構図がはっきりしている。ゼーゼマン家の執事ロッテンマイヤー嬢はゼーゼマン氏の後妻の地位を虎視眈々《こしたんたん》と狙い、その目的のために邪魔になったハイジを人買いに売ろうとする。デーテも、ロッテンマイヤー嬢を脅迫して金をゆすり取るような悪辣《あくらつ》な人物として描かれている。その一方、ゼーゼマン家の使用人アンドリューズ（原作のゼバスティアンに相当）は原作よりもっと堂々とハイジの味方をする善人である。物語の最後では、おじいさんが山を下りてフランクフルトまで孫を探しにきて、ついにハイジと再会するものの、誘拐犯に間違えられて警官と馬車でカーチェイスを繰り広げたりする。

## ◆張りぼてのアルプス

いずれにせよ、一言で言えば、これは「シャーリー・テンプルが歌って踊る映画」である。小綺麗な格好をしたブロンドの巻き毛の少女は、ハイジらしくないとスイス本国では不評だったらしい［Tomkowiak, 205］。いかにもセットで撮影したと思《おぼ》しき、やけに作り物めいた山の風景も、アルプスの美しさを誇りに思うスイス人を怒らせた一因だろう。映画全体で最も印象的なのは、オランダの民族衣装に身を包んだハイジが風車の前で木靴をカタカタ鳴らして踊るシーンである。――そう言うと、『フランダースの犬』か何かの間違いではないかと思われるかもしれないが、これはあくまでハイジである。アルプスの山小屋で寝る前に、オランダを舞台にした物語が載っている絵本を見つけ、おじいさんに読み聞かせてもらって空想の翼を広げているというシーンなのだ。

ここで、読み聞かせを行なう人物が原作とは逆になっている点に注目したい。ハイジが読んであげるのではなく、おじいさんに読んでもらうのである。あとの場面では、ハイジはおじいさんに字の読み方を教わる。言い換えれば、この映画のハイジは「修行」のためにフランクフルトまでわざわざ旅に出る必要はないのだ。よき教育者・宗教者としてハイジに読書の楽しみとお祈りを教えるクララのおばあさまは、この映画にはそもそも登場しない。

## ◆キリスト教と自然の対立

ただし、全体にあまり原作に忠実ではないとはいえ、この映画は原作の宗教的モチーフを意外なほど保持している。たとえば、ハイジを学校にやるように促す若い牧師シュルツと、頑なにハイジの就学を拒絶するアドルフ・クレイマーの対話を見てみよう。


「ハイジを学校にやるつもりはない」

「それでは、あの子をどうなさるおつもりですか？」

「ここで、ヤギや鳥といっしょに育つまでだ」

「ヤギや鳥から、いったい何を教わるというのですか？」

「少なくとも悪いことは何も教わらないぞ！」

「それだけでは子どもの教育に十分ではありませんよ」

「必要なことは全部わしが教えてやるさ」

「なら、宗教も教えてやってくださいますか？」

「信じる価値がある宗教は、山だけだ。そのぐらいわしでも知っている」


「信じる価値がある宗教は、山だけだ〔The mountains will be the only religion worth having〕」というセリフ自体は映画独自のものであるが、この箇所は、原作でキリスト教と自然の対立として展開される、牧師とおじいさんの対立関係をかなり忠実に再現している。そしてもう一つ、原作の

「放蕩息子」のモチーフが残っている点も特筆に値する。おじいさんはこの話を繰り返し読んですっかり暗記しており、それが載っている本をハイジに字を教える教材に使うのだ。つまり、彼は自身が「放蕩息子」であることを元から自覚していたことになる。彼はまもなく、自発的にハイジを連れて村の教会へと赴き、村人たちと讃美歌を唱和してキリスト教的共同体への復帰を果たす。

もっとも、「放蕩息子」としてのおじいさんの帰還の物語が作品前半だけで完結してしまうのは、一面では、この宗教的モチーフが原作ほどの重みをもっていないことをも意味するだろう。一九三七年のハリウッド映画は、宗教に重きが置かれる世界と、脱宗教の流れとの分水嶺に立っていると言える。

## ３　スイス映画『アルプスの少女』――美しい山々と優しい人々

### ◆「清らかなるもの、美しいもの、気高いもの」

ハリウッドの子役スターが演じる金髪のハイジに我慢がならなかったスイス人たちは、一九五二年のスイス・ドイツ合作映画『ハイジ』で溜飲を下げることになった。原作の舞台となったグラウビュンデン州マイエンフェルト近郊でこそないが、同じ州内で撮影が行なわれ、正真正銘、本物のスイス・アルプスが画面に登場したのである。白黒映画ながら、白い雪をいただいた山々と緑の牧場の風景は文句なしに美しい。ルイジ・コメンチーニ監督によって一般人からオーディションで選ばれたエルスベート・ジークムントのおさげ髪のハイジは、原作のような黒いちぢれ毛でこそなく、端正な顔立ちでやや大人びすぎている観もあるが、新鮮な魅力で観客の心を捉えた。その姿は今日でも、スイスでは（後述の日本製アニメを抑えて）最も多くの人にとって「ハイジ」の第一印象を規定するものとなっている［Kohsaka, 281］。

この映画は日本では『アルプスの少女』の邦題で一九五八年に公開され、文部省選定映画となった。映画パンフレットに翻訳家の村岡花子が寄せた文章が、当時の観客が児童映画に何を求めていたかをよく示している。

「清純」という言葉がぴったりあてはまる「ハイジ」アルプスの少女が銀幕にあらわれたことは世界じゅうの若い人たちと若い人たちを愛する彼等の父母や教師や先輩のむれにとってなんという喜びであろう。〔……〕「ハイジ」のような映画がたくさん製作されれば、知らず知らずのうちに、清らかなるもの、美しいもの、気高いものを愛する気持ちが植えつけられ、それを行動にあらわそうとする意欲が生まれてくる。願わしいのは、この種の映画がどんど

ん作られることである。〔村岡、四〜五頁〕

### ◆スイス方言

なお、原作小説がほぼ標準的なドイツ語で綴られているのに対し、この映画ではスイス人キャストがスイス方言のドイツ語をしゃべる。方言の多用は、一九三〇年以来の「精神的国土防衛」の風潮のなかで「真のスイス映画」の創出に取り組んだ〔五十嵐、二一七頁〕チューリヒの映画製作会社プレゼンス・フィルムが世に送った一連の映画作品に共通する特徴である〔Tomkowiak, 206f.〕。コメンチーニ監督は、『ハイジ』原作ではさほど詳しく語られていないスイスの村の風俗も丁寧に作中に描き込んでおり、ここではある意味、スイスの村落共同体が真の主人公として振る舞っているようにも見える。

作中でおじいさんが「アルムおじさん」ではなく「アルプおじさん」と呼ばれているのも特徴的である。「アルム」「アルプ」はドイツ語で山の牧草地を意味し、シュピーリの原作では両方の表記が混在しているが、「アルム」はバイエルン地方（南ドイツ）やチロル地方（オーストリア西部）の方言である。そのため、「アルムおじさん」という呼び名は非スイス的だとする見方がスイスでは根強くあるのだ。

ストーリー的には、先に見たハリウッド版と同じく、『ハイジの修業時代と遍歴時代』をベースに『ハイジは習ったことを役立てる』の要素を追加したような構成で、クララが歩けるようになるのはやはりフランクフルトの自宅である（この映画のクララは「ジフテリア」と病名が特定されている。彼女はゼーゼマン家の馬小屋で生まれたばかりの仔馬を見ようとして思わず立ち上がり、ハイジとの秘密のリハビリ特訓を経て歩けるようになる）。その一方、ハイジがフランクフルトでクララのおばあさまに字を習うという展開や、おじいさんと村人の確執が——途中ではなく——最後に解消されるストーリー構造は、原作に比較的忠実であるとも言えよう。

### ◆神の賛歌から人間の賛歌へ

以下、順を追って作品内容を見ていく。物語は、ハイジがおじいさんに引き取られて二年後、若い牧師が山小屋に訪ねてくる時点から始まる。おじいさんは、かつて村で火事が起きて家々や教会を焼いたとき、息子とともに身を挺して消火活動にあたった（そのときに息子は命を落とした）にもかかわらず、火事の責任をなすりつけられ、村を追い出された過去をもつ。村人との和解を勧める牧師との対話のなかで、おじいさんは自らを「ヨブ」になぞらえる。そのことからも分かるように、彼は聖書に通暁《つうぎょう》した信心深い男であって、暗い過去を背負った罪人《つみびと》ではない。原作やハリウッド版にあった「放蕩息子」のモチーフは、ここでは抹消されているのだ。

原作からのマイナーな変更点としては、ヤギ飼いペーターの家が山腹ではなく村はずれにあり、盲目のおばあさんが登場せずペーターは母と二人暮らしである点が挙げられる。再建された村の教会の竣工式で、牧師の尽力もあってハイジは早々に村人たちの輪に溶け込むことができる。その段階で、おじいさんは冬のあいだ山を下りて村で暮らすことを決意し、間借りするためにペーターの家の屋根裏部屋を修理する。そこにデーテが登場し、ハイジを騙《だま》して馬車に乗せて連れて行ってしまう。おじいさんは追いかけて駅まで走るが、あと一歩のところで追いつけない。

こうして舞台はフランクフルトに移る。ちなみに、映画が撮影された当時のフランクフルトは第二次世界大戦の戦火の爪痕《つめあと》からまだ回復しきっておらず、ハイジが大聖堂の塔に登って遠くを見晴らすシーンで背景に映るのは、実物のフランクフルトの景色ではなく、過去の街並みの写真である（街中のシーンの大部分はスイスのバーゼルで撮影された）。映画全体の三分の二を占めるフランクフルトでの

エピソードを特徴づけるのは、そこに悪人が登場しない、という点である。使用人ゼバスティアンが親切なのは原作と同じだが、原作では遅れて登場するゼーゼマン氏やクラッセン医師が早い段階で姿を現し、温かい態度でハイジに接する。意地悪な女中ティネッテは登場せず、代わりに叔母デーテがゼーゼマン家の料理人として住み込んでいるという設定になっている。彼女は自分なりにハイジを思いやっている、根は善良な女性である。それどころか、悪役ロッテンマイヤー嬢でさえ基本的にいい人である。少々頭が固いところがあるとはいえ悪意があるわけではなく、ハイジの奇想天外な言動に振り回される気の毒な常識人の印象が強い。彼女は当初、クララの勉強に邪魔になるからとハイジを山に追い返そうとするが、クララのおばあさまの鶴の一声でハイジの残留が決まる。おばあさまは、なかなか字を覚えようとしないハイジにメルヘン（王さまが出題した三つの謎に首尾よく答える「賢い羊飼い」の物語）を読み聞かせ、学習意欲をかき立てるのに成功する。ここで、原作のようなイラスト入り聖書物語ではなく世俗的なメルヘンが教材として用いられているのは、先に述べたように「放蕩息子」のモチーフが削除されたことにともなう必然的な措置であろう。ハイジがまじめに勉強するようになってからは、ロッテンマイヤー嬢の態度は軟化し、ハイジは家族の一員として遇されるようになる。

　そんなわけで、この映画のハイジにとってゼーゼマン家はけっして居心地の悪い場所ではない。クララのおばあさまはスイスに丁寧な手紙を書き、ハイジはフランクフルトに順応して楽しく暮らしていると伝える。手紙を受け取ったおじいさんは、ハイジはもう山に帰ってこないのではないかと心配になる。——映画の観客にとっても事情は同じである。ハイジがぜひとも山に帰ろうとする理由があるとは、あまり思えない。ハイジのおかげでクララが歩けるようになってからは、周囲の人々はもっと愛情深くなるので、なおさらである。ところが、ゼーゼマン氏が感謝のしるしにハイジを養女にすると宣言し、アメリカ土産の絵本を手渡すと、状況は急変する。この絵本で山の絵を見たハイジは、唐突に激しいホームシックに襲われるのだ。ここから原作どおりの夢遊病のモチーフに接続する展開は、ハイジを追い詰めるような悪意や冷たい生活が描かれていないため、かなり強引に感じられる。

ともあれ、医師の診断で山に帰れることになったハイジは、クララのみならずデーテとロッテンマイヤー嬢が涙を流して別れを惜しむなか、スイスに旅立つ。別れ際にロッテンマイヤー嬢がハイジを抱きしめて言う、「さよなら、日の光〔Adieu, Lebwohl, Sonnenschein〕」という言葉は、ペーターのおばあさんが作中に存在しないために朗読されずに終わった

「お日さまの歌」の痕跡だろうか。先に述べたことを繰り返すと、おじいさんもこの映画では「放蕩息子」ではないため、ことさら聖書の読み聞かせは必要としない。

映画のラストシーンでは、おじいさんがハイジを連れて村の教会に姿を現し、みんなといっしょに讃美歌を歌う。だが、そこに宗教性は希薄である［Leimgruber, 182］。これは、村八分だった男が人間の共同体に帰還する物語ではあっても、神を裏切った男が神と和解する物語ではないからだ。

なお、一九五五年にはフランツ・シュナイダー監督の続編『ハイジとペーター』が公開された。スイス初のカラー映画［Tomkowiak, 215］である。こちらは改めて『ハイジは習ったことを役立てる』を下敷きにし、クララのアルプス訪問を描いているが、前作ですでにクララは歩けるようになっているので、ペーターが測量技師になりたいと願うエピソードや、村を襲う洪水などが話を盛り上げる要素として新たに追加されている。

## ４　日本製アニメ『アルプスの少女ハイジ』——アニミズム的な自然崇拝

### ◆国際的ヒット商品

それでは、日本のテレビアニメ『アルプスの少女ハイジ』に目を移そう。ズイヨー映像が製作したこの作品は、ハイジの赤い服やクララの青い服などの目立った視覚的特徴を、スイス映画『ハイジとペーター』に負っている［ちば・川島、九六頁］。その一方、海外の児童文学を映像化するために大規模な海外ロケが行なわれた最初の例としても知られている。高畑勲が演出、宮崎駿が場面構成、小田部羊一がキャラクターデザインを手がけ、一九七四年にフジテレビ系列の番組枠「カルピスまんが劇場」で全五二話が放送された。絶大な人気を誇り、日本では今日に至るまで、ファミリー向けアニメの定番として原作を覆い隠すほどの存在感を放っている。

このアニメは日本からヨーロッパに「逆輸入」されたヒット商品でもある。一九七七年にドイツの公共放送ＺＤＦ（第二ドイツテレビ）で放送されて以降、ドイツ語圏でも多くの視聴者を魅了し、大規模なメディアミックス——複数のメディア領域にまたがる商品展開——の先駆的成功例と目されている［Rogge; Jensen, 13ff.］。今日、「ハイジ」は各種キャラクターグッズ産業や観光産業にとって欠かせないトレードマークとなっている［Gyr, 79ff.］が、そういった国際的市場の中心に日本製アニメがあるのだ。英語圏での知名度はかなり低く［Clements; McCarthy, 275］、スイスではスイス映画版の陰に隠れがちであるものの、ドイツやフランス、そしてとくにスペイン語圏の国々では、このアニメが「ハイジ」の図像学的イメージを最も強く規定する映像化作品となっているといってよいだろう。

### ◆誰が車いすを壊したのか？

全五二話という構成上、この作品には原作にない設定やサイドストーリーが数多く追加されており、余計な「水増し」で原作から逸脱しているとドイツ語圏で批判されることもある［Hurrelmann, 353; Härle, 62f.］。ただ、ドイツ語圏の視聴者が知っているドイツ語吹替版は、オープニングの曲やＢＧＭが差し替わっているのみならず、登場人物のセリフやナレーションが一部変更されており、そのために原作からの乖離が生じたケースもある［Takahata, 189］。日本語版は、少なくとも全体としてはむしろ驚くほど原作に忠実である。高畑監督は、アニメ化の方針について次のように語っている。

私たちは原作のストーリーを勝手に変えたり、子ども向きだからといってレベルを下げたりはしませんでした。たとえば牧師とアルムおんじの論争のように、子どもが理解するには難しすぎる要素は削除してもよかったのかもしれません。私たちは原作をできるだけ尊重したいと思っていました。しかしテレビ番組ですから、いくつかの点を変更したり、できごとを追加したりするのは避けられませんでした。［Takahata, 202］

高畑監督が最大の変更点として挙げるのは、ヤギ飼いの少年ペーターの扱いである。原作のペーターはやや意志薄弱でハイジに従属する存在として描かれており、『ハイジは習ったことを役立てる』では、クララが山に来たせいでハイジに構ってもらえなくなったのを恨みに思い、嫉妬に狂ってクララの車いすをこっそり崖から落として壊す［294］という卑怯な一面も語られている。こうした描写を高畑監督は、ブルジョワ階級の女性シュピーリが農村プロレタリアに対して抱いていた蔑視の表れと見なし、自作でペーターの地位向上を図ったのである。その結果、アニメ版のペーターは勇敢で頼もしい兄貴分のような存在となり、車いすを壊すエピソードも削除され、代わりにクララが自分でうっかり壊してしまうことになっている（第五一話「クララが歩いた」）。

実際には、ヴェレーナ・ルッチュマンが論じるように、シュピーリ作品に登場する少年少女たちの描写では多くの場合で女性優位の構図が見られ、男の子たちはたいてい気弱で繊細で、従属的な立場に置かれている［Rutschmann, 96ff.］。つまり階級が低い者が貶められるのが常というわけではない。高畑監督によるペーターの地位向上は、そのようなシュピーリ作品独特のジェンダー布置に抗い、男性優位の秩序を復活させる試みだったとも言えよう。

## ◆ 宗教的要素のゆくえ

もう一つの大きな変更点として、アニメ化にあたり、シュピーリの原作の宗教的要素を極力排除したと高畑監督は述べている。

> 私の意見では、シュピーリの作品はどれも、神を信じていればいいことが起こるという点を強調しすぎています。シュピーリの善意は理解できますが、私たちは、日本人になじみのない宗教色やキリスト教的メッセージを注意深く弱めることにしました。［Takahata, 203］

たしかに、第一話で（原作どおりに）「アルムおんじ」の暗い過去が語られるとはいえ、それは村人たちの信用おけない噂話として処理されている観があり、原作の宗教的テーマの中軸をなす「放蕩息子」のモチーフはアニメ版には欠落している。ハイジがクララのおばあさまにもらうのは、やはり聖書物語ではなくグリム童話の本である。

もっとも、『ハイジ』映像化の歴史全体の流れから見るならば、『アルプスの少女ハイジ』は原作の宗教的要素を比較的よく保持している方だろう。たとえば、第三七話「山羊のあかちゃん」では、ペーターのおばあさんにパウル・ゲルハルトの讃美歌を読み聞かせる箇所が、原作に忠実に再現されている（ちなみにドイツ語吹替版では、ハイジが朗読するのはスイスの昔話に変更されており、宗教色の排除が徹底している）。

そして、牧師とおじいさんの宗教・子育て論争は結局のところ抹消されず、アニメの第一七話「二人のお客さま」では原作の二人の対話がほぼ一言一句そのまま採用されている。しかし、ほかならぬこの場面に、映像表現上の手法によって原作とはまったく異なる意味づけが施されている点も見逃せない。激しさをます二人の論争に合わせて、愛する孫を取り上げられるのではないかというアルムおんじの不安を表現するBGMが流れ、牧場で楽しげに遊ぶハイジの笑顔のアップが映し出され、山小屋の隅に手作りの木彫りの玩具《おもちゃ》や積み木が置かれているカットが挿入される。——ここでのアルムおんじ

は、神と人を憎むあまりに孫の就学機会と将来を閉ざそうとしている頑固な老人ではなく、自然がいっぱいの環境で理想の子育てを行なっている、非の打ちどころのない教育者なのである。

この変更ポイントには、自然と宗教の位置づけをめぐる原作とアニメ版の価値観の違いが凝縮されている。原作では、自然はたしかに美しくすばらしいもの、生命力に満ちたものとして描かれてはいるが、牧師とおじいさんの論争において尖鋭に表現されているように、ルソー主義的な「自然に還れ」の思想は、ほかでもなくキリスト教的な宗教性と衝突するがゆえに、その価値に留保をつけられていた。これに対してアニメ版では、自然は明らかに手放しで礼賛されている。原作のヤギたちは基本的に物言わぬ家畜にすぎないが、アニメ版に追加されたセントバーナード犬のヨーゼフや小鳥のピッピ、あるいは牧場の草むらで跳びはねる昆虫たちを通じて、自然はいわば活性化される。さらに、原作でハイジのホームシックを誘発するモチーフとして用いられているモミの木［94］が、アニメ版では第一話以降、繰り返し登場する。その際、モミの木は見上げる角度で提示され、木漏れ陽《こもれび》の輝きのなか、荘厳な雰囲気をまとっている。アニミズム的な自然崇拝という言葉がふさわしい描写である。ここでは、原作のキリスト教的な宗教性が換骨奪胎され、自然礼賛という名の新しい宗教性が始まっていると見なすこともできるだろう。ハリウッド版の映画でアドルフ・クレイマーが単なる皮肉として口にする、「信じる価値がある宗教は、山だけ」という言葉を、アニメ版はいわば文字どおりの意味で展開してみせたのである。

## ◆「かわいい」という価値

近著で『ハイジ』原作と日本製アニメを比較したジャン＝ミシェル・ヴィスメールは、後者に表現されている自然崇拝的な要素を、自然と親和的な日本人の「神道の伝統」に結びつけた[Wissmer, 165]。だが、こうした評価は、アニメ版が世に出た固有の文脈をかえって見失わせるのではないだろうか。日本の一九七〇年代は、戦後の経済成長が一段落し、急速な経済成長の負の面としての環境破壊に意識が向き、エコロジー・ブームが最初の盛り上がりを見せていた時期である。『アルプスの少女ハイジ』に描かれた世界は、経済的な豊かさとは異なるオルタナティブな価値を求める声が高まっていた当時の風潮によく合致したものであった。まさにそれゆえに、視聴者の心をつかんだのだとも考えられる。

また、アヤ・ドーメニヒが指摘するように、日本のハイジ人気を支えたのが主として女性であったことにも注目する必要がある。戦後日本は、経済的な面では先進国の仲間入りをしたとはいえ、女性の社会進出は大幅に遅れ、家父長的な体制が根強く残っていた。その抑圧的な体制下で生きる女性たちに、「かわいい」もので満ちているハイジの世界は最適な逃避場所を用意したのだという[Domenig, 160]。これは原作にも共通して言えることであるが、この世界からは恋愛やセクシュアリティに通じる要素が周到に抜き取られている〔Ulrich, 18f.〕。母親たちが死に、高齢の女性たちと性的に未成熟な少女たちが残された世界で、ハイジとおじいさんは特別な絆を結ぶ。親子関係でもなければもちろん恋人関係でもない、しかし絶対的な信頼関係に結ばれた二人の共同生活は、いわく言いがたい何かであり、そこに日本人女性たちは理想的なモラトリアム像を見たのだった。

戦後の日本社会は、物質的な豊かさを享受するようになった反面、解消されがたい社会のひずみを抱え、また伝統的な宗教の後退によって精神的な支柱を欠いていた。その欠落を埋めたものの一つが、オルタナティブな価値観とスピリチュアルなメッセージ性をたたえたハイジの世界だったのであり、そこで『アルプスの少女ハイジ』はいわばそれ自体が新しい「宗教」になったのである。今日、ハイジの足跡を尋ねてスイスに押し寄せる日本人観光客が実践しているのは、文字どおりの意味の「聖地巡礼」にほかならない。

## 本章でとりあげた映画とテレビアニメ

『ハイディ』原題 *Heidi*　一九三七年　アメリカ映画
『アルプスの少女』原題 *Heidi*　一九五二年　スイス・ドイツ映画
『アルプスの少女ハイジ』　一九七四年　ズイヨー映像（日本）

## 参考文献

### 文学作品

Spyri, Johanna: *Heidi.* Originalausgabe (*Heidis Lehr- und Wanderjahre / Heidi kann brauchen, was es gelernt hat*). 5. Aufl. München (Lentz) 2000. 同書からの引用は、本文中に頁数のみを［　］に入れて示す。

### 文学作品以外の文献

Clements, Jonathan; McCarthy, Helen: *The Anime Encyclopedia. A Guide to Japanese Animation since 1917.* Revised & expanded edition. Berkeley (Stone Bridge Press) 2006.

Domenig, Aya: „Cute Heidi". Zur Rezeption von Heidi in Japan. In: Halter, Ernst (Hrsg.): *Heidi, Karrieren einer Figur.* Zürich (Offizin) 2001, S. 149-165.

Gyr, Ueli: Heidi überall. Heidi-Figur und Heidi-Mythos als Identitätsmuster. In: *Ethnologia Europaea*, 29/2 (1999), S. 75-95.

Hale, Frederick: The gospel of reconciliation and healing in the Alps: Johanna Spyri's *Heidi* reconsidered. In: *Koers*, 71/2-4 (2006), pp. 519-534.

Härle, Gerhard: Die Alm als pädagogische Provinz. Oder: Versuch über Johanna Spyris *Heidi*. In: Rank, Bernhard (Hrsg.): *Erfolgreiche Kinder- und Jugendbücher*. Hohengehren (Schneider) 1999, S. 59-86.

Heusser-Schweizer, Meta: *Hauschronik*. Kilchberg (Romano) 1980.

Hurrelmann, Bettina: Heidi, Mignons erlöste Schwester. In: *Neue Sammlung*, 33/3 (1993), S. 347-363.

Kohsaka, Ryo: Storyline of Two Heidi. From the results of audience studies in Japan and central Europe. In: Lutum, Peter (Hrsg.): *Japanizing. The Structure of Culture and Thinking in Japan*. Berlin (Lit) 2006, S. 272-294.

Leimgruber, Walter: Heidi – Wesen und Wandel eines medialen Erfolges. In: Halter (2001), a.a.O., S. 166-185.

Müller, Heidy Margrit: Pädagogik in Johanna Spyris „Heidi"-Büchern. Literaturgeschichtliche Koordinaten eines „Bildungsromans". In: *Schweizer Monatshefte*, 69/11 (1989), S. 921-932.

Rogge, Jan-Uwe; Jensen, Klaus: Anmerkungen zum kommerziellen Kindermedienverbund. Der Hunger nach „Heidi". In: Dies. (Hrsg.): *Der Medienmarkt für Kinder in der Bundesrepublik*. Tübingen (Tübinger Vereinigung für Volkskunde) 1980, S. 13-48.

Rutschmannn, Verena: Energische Mädchen – sensible Buben. Zu den Kindergeschichten von Johanna Spyri. In: Schweizeriches Institut für Kinder- und Jugendmedien (Hrsg.): *Johanna Spyri und ihr Werk. Lesarten*. Zürich (Chronos) 2004, S. 91-106.

Takahata, Isao: Making of the TV Series "Heidi, the Girl of the Alps". In: Ebd., S. 189-204.

Tomkowiak, Ingrid: Die „Heidi"-Filme der fünfziger Jahre. In: Ebd., S. 205-222.

Ulrich, Anna Katharina: Natur als Erziehungskulisse. Mutterbilder im Vaterwort. Psychoanalytische Deutungsversuche zu zwei Schweizer Kinderbuchklassikern. In: Nassen, Ulrich (Hrsg.): *Naturkind, Landkind, Stadtkind. Literarische Bilderwelten kindlicher Umwelt*. München (Fink) 1995, S. 9-24.

Wissmer, Jean-Michel: *Heidi. Enquête sur un mythe suisse qui a conquis le monde*. Genève (Metropolis) 2012.

Wolgast, Heinrich: *Das Elend unserer Jugendliteratur. Ein Beitrag zur künstlerischen Erziehung der Jugend*. 6. Aufl. Leipzig (Wunderlich) 1922.

五十嵐豊「スイスの映画――スイス映画の歩みと現在」スイス文学研究会（編）『スイスを知るための60章』、明石書店、二〇一四年、二一六～二二〇頁

桑原ヒサ子「ヨハンナ・シュピーリ『ハイディ』――宗教的要素、保守的女子教育観、文学作品としての古典性」『人文社会科学研究所年報』三号、敬和学園大学、二〇〇五年、一五～二八頁

ちばかおり・川島隆『図説 アルプスの少女ハイジ――「ハイジ」でよみとく一九世紀スイス』河出書房新社、二〇一三年

村岡花子「『アルプスの少女』をめぐって」『日比谷スカラ座』五八―一〇号、東宝、一九五八年、四～五頁

吉田孝夫「『ハイジ』の讃美歌のこと――聖餐のアルプス」『外国文学研究』二五号、奈良女子大学文学部外国文学研究会、二〇〇六年、一九～八四頁

# 第5章　メング通り四番地

## トーマス・マン『ブデンブローク家の人々』における家

千田　まや

### 1　ブデンブローク・ハウス

ドイツの古都リューベックのマリア教会のすぐそば、メング通り四番地の、左右に女神像を備えた破風をもつ灰白色の屋敷は、「ブデンブローク・ハウス」と呼ばれ、現在ハインリヒ・マンとトーマス・マン兄弟の記念館となっている。風格のある正面の一階中央にある扉の上には、「神は守りたまう」というラテン語の金言と一七五八という年号が掲げられている。この建物は一九四二年の空爆で破壊されたのち再建され、二〇〇〇年に改装されたが、破風の女神像を含む正面ファサード部分は空爆に耐え、そのたたずまいは二五〇年以上たった今でも変わらない。

はやくも一九〇一年から、この建物は「ブデンブローク・ハウス」と呼ばれてきた［Dittmann, 153］。リューベックの名士として市参事会員を代々つとめたマン商会の四世代をモデルに、トーマス・マン（一八七五―一九五五年）が書いた長編小説『ブデンブローク家の人々』（一九〇一年）の舞台として知られていたからである。一九二九年にノーベル文学賞の受賞理由となったこの小説のみならず、初期短編『小フリーデマン氏』（一八九七年）、『道化者』（一八九七年）、『トニオ・クレーゲル』（一九〇三年）にも、この家は主人公の生家として登場する。アメリカへ亡命中に、この家がイギリス軍に空爆されたという知らせを受けたマンは、この家を「私の創作の拠り所であった伝統のシンボル」［*Deutsche Hörer!*, 524］と呼んだ。このように、この家は、単にマン兄弟ゆかりの家であるのみならず、トーマス・マンの作品世界においても特別な意味をもつ建物なのである。

ただし、この家はもともとマン家が建てたものではなかった。一七五八年に別の商人が新築し、所有者の姪がマンの祖父と結婚するにあたり、築八三年のこの家をマン家が購入したのである。またこの家は、トーマス・マンの生家でもない。マンの父は一八七二年、結婚を機にブライテ通りに移り、一八八三年、ベッカーグルーベに新居と新しい事務所を構えた。メング通り四番地で暮らすのは祖父母だけで、一八九〇年に祖母が亡くなると、翌年には売りに出され、マン家の手を離れた［Tschechne, 18］。一体なぜマンは、ブライテ通りやベッカーグルーベの実家ではなく、メング通りの祖父母の家を小説に描いたのであろうか。この家が『ブデンブローク家の人々』の舞台となったのは、マン家ゆかりの家であるから、という理由で説明がつくが、他の作品でも、この家がモデルとして選ばれたのはなぜだろうか。『トニオ・クレーゲル』における家の描写をみてみよう。

両親の家は、近隣の家々にはさまれ、その破風を家々の上にそびえさせて、三〇〇年前と同じように灰色の威容をみせていた。トニオ・クレーゲルは、入り口の上に掲げられた、半ばかすれた敬虔な金言を読んだ。それからため息をついて中に入った。［*Tonio Kröger*, 288］

主人公トニオはミュンヘン在住の若い作家である。彼は、伝統ある商会を営む家の一人息子だったが、母親の芸術家気質を色濃く受け継いで、父の死後、家業を継がなかったため、生家も人手に渡ってしまった。彼が再び生家を訪ねたとき、そこは市民図書館になっていた。トニオは扉を開けた瞬間、亡き父が事務所から現れて、彼の「道に外れた」生き方を厳しく問いただすのではないかという不安に駆られる。両親の家はトニオにとって、かつて自分が生まれ育ち、家族に守られた安らぎの場という意味をもつだけではない。芸術に価値を認めない、信心深く名誉を重んじる市民であった父の仕事場でもあったのだ。そしてモデルになった家よりさらに一五〇年以上古い「築三〇〇年」という設定には、代々受け継がれてきた家の伝統の重みが込められている。『ブデンブローク家の人々』においても、メング通りの家は、実物よりも古く一六八二年に建てられ、ブデンブローク家が購入した時点で築一五三年という設定になっている。マンは、何世代にもわたって名誉ある市民が住まってきた家の歴史的価値を重んじた。これが、メング通りの家が主人公の生家のモデルに選ばれた理由であろう。

『トニオ・クレーゲル』に話を戻すと、市民と芸術家という相いれない二つの気質と価値観は、父と母の気質だけではなく、彼が生まれ育った家の、商会の事務所と家族の住まいを兼ねている家の構造にも象徴されている。新進気鋭の作家として世間に認められてからも、トニオが亡き父親に対し、変わらぬ負い目を抱き続けていることは、家を再訪したときに彼が感じる罪悪感から読み取れる。だがこの罪悪感こそ、トニオが母のみならず父の血をも引いていること、この家に象徴される伝統に自分も連なっているという自負の証である。作者のマン自身、同じ自覚をもっていた。そして一八九六年から四年間、ドイツから離れたイタリアの地で、そして南ドイツのミュンヘンで、北の故郷の祖父母の家を舞台に、マン家の四代をモデルにした長編小説に取り組んだのである。

メング通り四番地の家の歴史と、私的空間と公的空間を併せもつ構造は、『ブデンブローク家の人々』においても、またこの作品を原作とする映画においても効果的に使われている。次節でその例を具体的にみていこう。

## 2　小説の映画化

小説『ブデンブローク家の人々』は、マンの作品の中でもこれまでで最も多く映像化された作品である。完成作品としては、一九二三年のワイマール時代の無声映画、一九五九年の西ドイツの白黒映画、一九六五年のイギリスBBC放送によるテレビドラマ、一九七九年の西ドイツのヘッセン放送によるテレビドラマ、そして二〇〇八年のドイツ映画が挙げられる。このほかに一九一九年にマンの妻の双子の兄から映画化の誘いがあり、また一九五四年、東ドイツの映画会社DEFA（ドイツ映画株式会社）がマンの生誕八〇周年を記念して、西ドイツとの合作を計画したが、どちらも実現しなかった［Pils, 156, 161; ハーケ、一六三頁］。本論では、このうちのDVD化されている一九五九年と二〇〇八年の映画を取り上げる。

一九五九年の映画は、脚本をヤーコプ・プライス、ハラルト・ブラウンが担当し、マンの長女エーリカが協力した。監督は『大公殿下』を映画化したブラウンが担当したが、病気のため途中からアルフレート・ヴァイデマンに交替した。ブデンブローク家四世代のうちの第三世代にあたるトーニ、トーマス、クリスチアンが主人公で、第一部と第二部あわせて一九七分に及ぶ、原作にほぼ忠実な内容の超大作であるが、彼らの子供時代と第一世代の祖父母の存在、トーマスの息子ハンノの学校生活が、この映画では省かれている。

二〇〇八年の映画は一四五分。監督は、『マン家の人々』というテレビ・ドキュメンタリーを作ったハインリヒ・ブレラー、脚本担当はブレラーとホルスト・ケーニヒシュタイン。やはりトーニ、トーマス、クリスチアンの世代が中心で、祖父母は登場しない。冒頭で短くはあるが彼らの子供時代が描かれる。

原作と上記二本の映画を比べてみると、原作と映画の違いが最も際立つのが導入の部分である。原作は、全部で一一部からなり、その第一部全体が、ブデンブローク屋敷購入後のお披露目のための午餐会の描写に費やされ、そこで交わされる会話を通して、家族、友人知人の社会的地位と性格、人間関係が写実的に丹念に描かれる。第一部の最初の二章が二階の「風景の間」での三世代の家族の団欒、第三章から第七章まではその隣の「神々の間」と呼ばれる食堂での宴会、第八章は母屋と庭を隔てた奥の建物にある玉突き部屋での男たちの集い、第九章は二代目当主であるトーマスたちの父親が、客を見送る場面、第一〇章は食堂での当主とその父の会話、最後は二人が寝室に入るところで終わる。これら一連の流れの中で、家の間取りと、各部屋の公的・私的な用途が明示される。間取りについては後に詳述する。まずは屋敷の正面に注目しよう。『トニオ・クレーゲル』において、トニオが見上げたのと同じファサードは、『ブデンブローク家の人々』第一部の終盤、第九章において、当主が客を見送った後の場面で次のように描かれる。

コンズル・ブデンブロークは、両手を明るい色のズボンのポケットに入れ、ラシャ地の上着を着て、いくぶん寒気を覚えながら、入り口から数歩離れて立ち、人影のない、雨に濡れた、明かりにぼんやり照らし出されている通りに響く客たちの足音に耳を傾けていた。それから向き直り、破風屋根の灰色の家の正面を見上げた。コンズルの目は、入り口のドアの上方に古風な文字で刻み込まれている金言に注がれた。「神は守りたまう」。彼は首を少しうなだれ、入り口のドアを入り、重々しくきしむドアに、しっ

かり錠をおろした［*Buddenbrooks*, 47］。

原作で、屋敷の正面に相対するのは、当主ただ一人、しかも時は人気のない夜である。ところがそれとは対照的に、一九五九年の映画も二〇〇八年の映画も、冒頭の場面で、リューベックの住民たちが行きかう中、明るい日差しを受けて堂々と立つ屋敷の正面を大写しにする。家の内部はセットによる撮影だが、家の正面のロケは、いずれもブデンブローク・ハウスの前で行なわれた。その後も屋敷の正面が何度も大写しになり、富と名声の頂点に立った一家が、商会設立一〇〇周年、トーマスの市参事会員選出などの慶事をはさみながらも急速に没落していく過程と、屋敷の正面の変わらぬたたずまいが、対比的に示される。扉の上に掲げられた「神は守りたまう」という金言が、その都度見る者の視野に入り、イローニッシュな効果をあげる。そして、どちらの映画も、ブデンブローク家が屋敷を手放した時点で終わる。零落した一族の生き残りは、トーニと従妹たち、トーマスの妻ゲルダ、そして忠実な友人と使用人のみ。全員喪服の女たちである。一九五九年の映画では、女たちは残されたテーブルについて最後のお茶を飲み、二〇〇八年の映画では、実家に旅立つトーマスの妻ゲルダを、残る者たちが家の前で見送る。だが彼らも家を去らねばならない。

女たちが喪服なのは、直系男子の死、すなわち一九五九年の映画ではトーマスの死を、二〇〇八年の映画では、原作通り、トーマスの息子ハンノの死を悼《いた》んでのことだが、精神病で廃嫡されたクリスチアンを除く直系の男子の死と同時に、彼女たちも屋敷の所有権の放棄を迫られるため、かつてこの家で過ごし、もはやこの世にいない一族全員の喪に服しているとも解釈できる。映画は二本とも、家の正面の大写しで始まり、家具が運び出されたあとの、がらんとした家の内部を映して終わる。無人となった家のなかを風が吹き抜ける。映画におけるブデンブローク・ハウスは、一族の繁栄と没落を可視化する役割を、原作よりもあからさまな形で担っているのである。次に、家の内部構造に目を向けてみよう。

## 3　舞台としての家

ブデンブローク・ハウスは、縦長の構造で奥行きが深い。正面玄関を入った一階には、広い土間、事務所、当主の執務室と台所、そして広い階段がある。階段の脇には剥製の熊が、名刺入れの皿を持ち、客人を見下ろすように後ろ足で立っている。原作では、馬車が玄関からそのまま入れるように土間に敷石が敷かれ、商会関係の労働者たちが集まる。通りに面した事務所は、大きな窓から入る光で明るく、当主の執務室とはガラス窓で仕切られて、大勢の従業員が机を並べて業務に励んでいる。一階は、奥の台所以外、商会の公的な空間である。原作では、第七部で、結婚して参事会員に選ばれたトーマスが、別に新居を構え、事務所もそこに移すのだが、一九五九年の映画では、トーマスの新居移転は割愛される。二〇〇八年の映画では、トーマスは新居を建てるが、事務所は旧宅に置いたままという設定である。原作と違い、映画では、ブデンブローク・ハウスと仕事場は不可分なのである。

広い階段を上がると、原作では中二階がトーマスの祖父母の寝室になっているが、映画には登場しない。二階の表側に、原作でも映画でも主要な舞台となる「風景の間」と「神々の間（食堂）」がある。屋敷の正面二階の五つの窓は、これら二つの部屋の窓である。現在、ブデンブローク・ハウスには、これら二つの部屋が再現されている。マン家が所有していた当時の部屋の写真も残っており、小説の描写とは違いがみられるのだが、再現にあたっては、小説の描写の方が優先されたという［Radbruch, 42］。これら二部屋は、家族が集う所であると同時に、大切な客人を迎える場でもあり、最も豪華に広々としつらえられている。壁面にじかに大きく風景画が描かれているのが「風景の間」、水色の壁に白い神々の浮彫が施されているのが「神々の間」で、どちらの意匠もリューベックの複数の豪商の屋敷にみられる典型的なものである［Kommer, 75-99］。原作では午餐会、映画ではさらに舞踏会までが開かれ、家族が亡くなると、遺体が花に飾られてここに安置される。また、聖職者を招いた宗教的な集いの場にもなる。家族が集うときも、客を迎えるときも、この二部屋を仕切るのは女主人の役目である。

三階には寝室と使用人部屋がある。ミュンヘンからトーニに求婚しにやってきたペルマネーダーの姿を見て、トーニがあわてて部屋に駆け込み、衣装ダンスからドレスを次から次へと引っぱりだす一九五九年の映画のシーン、グリューンリヒの求婚に悩んで部屋に閉じこもるトーニを、心配した父親が見舞いにくる二〇〇八年の映画のシーンなど、トーニの若々しさと幼さが、原作にはない寝室の場面でわかりやすく演出されている。ドレス姿のトーニが、裾を階段の幅一杯に広げながら、一階から三階へ、三階から一階へと勢いよく上り下りする姿は、舞踏会や午餐会の場面と同様、映画の画面を華やかに彩る。

このように、家の内部は、一階が公的な仕事場、二階が半ば私的、半ば公的な集いの場、三階が私的な場という風に区分けされている。母屋の他に、原作では、家の裏庭や、母屋と庭を隔てた玉突き部屋のある建物なども登場するが、一九五九年の映画のトーマスと弟クリスチアンの口論が庭で行なわれるのを除けば、家の敷地内で、母屋以外の部分が映し出されることはない。それはつまり、母屋の建物全体が、一つの完結した舞台となり得ているということでもある。

ブデンブローク・ハウスの建物の歴史をたどると、このような形で公的な仕事場と公的・私的な居室を一つの建物にまとめ、建物全体を一家族が使っていたのは一八八三年、マンの父が事務所を新居に移す前までのことであって、それ以後は、複数の店舗が建物を分割して間借りしていた。一八八七年まではまだ祖母が住まっていたが、事務所は火災保険会社に貸され、その後も、市民図書館、書店とさまざまな用途で使われた。既に述べたように、一九四二年の空爆でファサード以外は破壊されたが、戦後、それまでとは全く異なる間取りで再建され、リューベック市が買い取るまでは、銀行になっていた。

原作のブデンブローク商会は、一代目が一八四二年、二代目が一八五五年、三代目のトーマスが一八七五年に亡くなって解散する。原作のモデルとなったマン商会は、一八七〇年代後半、投機の失敗により、資産の半分を失ったという［Eickhörter, 99］。一家族が仕事場と居室を兼ねた屋敷全体を維持し得たのは、一八七〇年代かせいぜい八〇年代まで、原作でも映画でも、ライバルのハーゲンシュトレーム家が、市民としての箔をつけるために、ブデンブローク家から古い屋敷を買い取ったが、その後の屋敷の利用法は、ブデンブローク家とは異なったものになったはずである。

フィクションと史実のずれに関してさらに補足するなら、原作における三代目のトーマスが当主であった一八五五年から七五年までの物語には、マンが生まれた一八七五年からマンの父が亡くなる一八九一年までのマン家のありようが投影されているので、物語とモデルの間には、二〇年近いずれが生じている。一八七七年に早世したハンノが自作した曲は、ニーチェが語るヴァーグナーの『タンホイザー』や『ジークフリート』などをふまえている［Buddenbrooks Kommentar,

412〕。ヴァーグナーのオペラがリューベックで初演されたのは、『タンホイザー』が一八五五年だが、『ジークフリート』は一八九八年である〔Müller, 127〕。そのほか一八六〇年代の鉄道建設や、一八七〇年代の好景気など、ドイツ統一後のリューベックの近代化も、原作には一切描かれておらず、移動手段も馬車だけである。ウィーン体制崩壊を招いた民主化運動である一八四八年革命の余波で、メイドが女主人をののしり、労働者たちが市参事会に押しかける場面は描かれるが、原作でも映画でも、労使間の伝統的な主従関係は維持され、都市の近代化やドイツ統一の影響が、屋敷の中まで入り込むことはない〔Wilpert, 267〕。

小説でも映画でも、持ち主が誰に変わろうとも、屋敷はリューベックの町のステータス・シンボルとしての価値を失わない。この点が、後年、複数の間借り人によって分割利用された現実の建物と、小説や映画のなかで描かれる屋敷との大きな違いである。メング通り四番地の建物は、マンの写実的な描写ゆえに「ブデンブローク・ハウス」と呼ばれ、小説の描写に即した改装まで施されて映画のロケにも使われた。だが小説に描かれた屋敷は、あくまでも架空の舞台装置である。そして、映画における家は、原作以上に、一家の繁栄から没落までをわかりやすく可視化するための、完結した舞台となっているのである。

## 4　家の繁栄

原作を映画化するに際し、演出によって原作との違いが生じることは避けがたい。ブデンブローク家が最も繁栄していた頃の様子は、冒頭での屋敷の正面の大写しのほか、舞踏会での女性たちの豪華な衣装や、衆目を集める優雅な立ち居振る舞いによって表現され、映画の見せ場を成している。だが、一九五九年の映画で、多額の持参金をもってトーマスに嫁いだ新妻ゲルダの美貌に人々が見とれる場面も、二〇〇八年の映画で、トーニが「お姫様」と呼ばれて若者たちの注目を浴びる場面も、原作には存在しない。最初の夫が破産寸前であることを知らずにトーニが買い集める高価な部屋着や、母方の実家クレーゲル家の贅沢な暮らしとその後の没落、そしてトーニが「貴族的」だとほめそやしたトーマスの新居建築とその後の商会の経営難によって示されているように、原作では、栄華が滅びの予兆と同義になっている。

原作のブデンブローク家の当主たちも、そのことをよく自覚していた。二代目当主は、屋敷のお披露目の午餐会で、屋敷の元の持ち主の没落を「他人事とは思えない」と語り、三代目当主は、新居を構えた直後に「家が建てられると、死神が住まいにする」というトルコの諺を口にする。四代目の幼いハンノは、誰に教えらえるわけでもなく、一族の家系図に「これで終わり」の意味を込めて斜線を引く。彼らは常に「メメント・モリ」の意識をもっているのだ。

映画において、常に身だしなみに気を使い、豪華なドレスを次々に披露して、一家の権勢を誇示するのは娘盛りのトーニだが、原作で最も身だしなみにこだわるのは、第一〇部第一章の初老のトーマスである。母の死後、メング通り四番地の家をライバルのハーゲンシュトレーム家に売り渡し、商会と自分自身の衰えを自覚したトーマスは、弟のクリスチアンに負けないほど病的に入念に身づくろいをし、「舞台へ出るまえの俳優」のようにメーキャップに励む。原作に描かれた彼のおしゃれは、映画のトーニの若く無邪気な娘心とは正反対の、「どんな犠牲を払ってでも体面を守ろうとする義務感」からのものである。彼の身だしなみと、彼が建てた家の豪華さは、いずれも虚飾に他ならない。貴族的な贅を尽くした家の中で、彼は従業員からも家族からも孤立している。メング通りの家がもっていた、家族の団欒の場、二度の離婚をしたトーニや、イギリスでも南米でも事業に失敗したクリスチアンを、その都度温かく迎え入れた避難所と

してての家の役割が、トーマスの新居にはみられない。トーマスは妻にも息子にも心を許さず、家族と内輪で食事をとる前にも更衣室にこもるのである。

トーマスの苦悩と孤独は、一九五九年と二〇〇八年の映画の中では、商会の経営上の失敗と、ゲルダと演奏仲間の不倫疑惑という理由づけを与えられ、ハンノの音楽教育に熱心なゲルダとの口論、演奏仲間と部屋に籠るゲルダや自分に心を開かないハンノに対する苛立ちという形で表現されている。だが実は、原作の三代目当主を悩ませていた最も大きな問題は、死をめぐる思索という、映像化の極めて困難なものであった。

## 5　死の映像化

死とは、誰もが独りで向き合わねばならない最も個人的な体験だが、誰かが亡くなると、その知らせは、故人に少しでも関わりのある人々に広く伝えられ、葬式から埋葬までの一連の儀式が、多くの人々に見守られながら執り行なわれる。そしてその後に遺産相続が行なわれ、肉親同士の争いに発展することもある。ブデンブローク家においても、当主や当主夫人の死は、商会の経営を左右し、身内の争いを招いた。

ブデンブローク家の人々が死に至るプロセスは、小説の中で様々に描かれる。初代と二代目の当主は、屋敷の中で静かに、あるいは突然、死を迎えた。最も信心深くふるまった二代目当主夫人は、最も強く生に執着し、苦しみ抜いて死を迎えた。屋敷の外での死は、とりわけ屈辱的な形をとる。二代目当主の義父は、一八四八年の革命運動の最中に、馬車に投げ込まれた石に当たって死ぬ。三代目当主トーマスは、歯科医に歯を抜かれた後、路上で倒れ、泥に顔を埋めて死ぬ。四代目のハンノは、チフスで急逝する。

彼らが死に至る過程の多様でグロテスクなありさまと、死後、花に囲まれ、棺に安置された静かな威厳のある姿を対比させる、マン独特の皮肉な描き方は、のちに長編小説『魔の山』（一九二四年）において、より広く深く展開される死についての考察の先触れとなっている。二〇〇八年の映画でのトーマスの死は原作通りだが、一九五九年の映画では、トーマスは参事会員になる宣誓をしている最中に突然死する。この演出では、最も身だしなみに気をつかっていた彼を、最もみじめな姿で死なせるという、原作の狙いが生かされていない。

既に述べたように、四世代のなかで、死について深く真剣に思いをめぐらせるのは三代目当主トーマスである。死を教会の教えと切り離して考えようとする彼の態度は、信心深い父や慈善活動に熱心だった母とは対照的である。

トーマス・ブデンブロークは、これまでの人生で、ときどきカトリック教に心惹かれはしたが、本当は真正の神聖な熱狂的なプロテスタントの、真剣な、深い、自虐的なまでに厳しい、妥協のない責任感に満たされていた。左様、最高の問題、最後の問題について、外部からの助力、仲介、免罪、麻痺、慰安は考えられなかった！　孤独に、独自に、自分一人の力で、おそくなりすぎないうちに、休みなく、ひたすら努力を続けて、謎を解き、はっきりとした用意を戦いとらねばならなかった。さもなくば、絶望のうちに死んでいくしかなかった。

[*Buddenbrooks*, 719]

彼は、家業を継がせるにはあまりにも虚弱で芸術家肌の息子に失望し、息子の中に生き続ける希望を失った。しかし、ふと手にとったショーペンハウアーの『意思と表象としての世界』にひとときの慰めを得、「ぼくは生き続けるだろう」とつぶやいて泣く。トーマスのモデルはマンの父だが、ショーペンハウアー体験はマン自身のものである。一九五九年の映画では、トーマスのショーペンハウアー体験は割愛された。二〇〇八年の映画の演出では、トーマスの死後、ハンノがボートの上で親友のカイに、父がショーペンハウアーの本から抜き書きした文章を読み聞かせる。そして、水に落ちた紙を拾おうとしてボートから転落し、チフスで命を落とす。この演出では、父の思いを息子が受けとめた形になっているが、原作では、息子に対する失望が、父を死の思索に駆り立てたのであった。息子の方も、家では父の期待にこたえられず、学校でも劣等生で、カイとの友情と音楽にだけ慰めを感じていた。ハンノは、音楽に耽溺し、ヴァーグナー的な曲を作ることで一時の高揚感を得る。

マンが評論『ショーペンハウアー』（一九三八年）のなかで、自らのショーペンハウアー体験とヴァーグナー体験とを同質のものとして語っていることを想起するなら、父トーマスと息子ハンノは、お互いに相手を理解できないままに、父はショーペンハウアーを通して、息子はヴァーグナーを通して、実は同じように死と向き合い、死を恐怖の対象ではなく「個別化の原理」からの解放としてとらえることによって、束の間ではあるが、救いを得たとも解釈できる。

二〇〇八年の映画で、路上で倒れたトーマスの頭を膝にのせ、馬車で家に運ぶ時のトーニの泣き顔や、一九五九年と二〇〇八年の映画でトーマスの亡骸に語りかけるクリスチアン、二〇〇八年の映画で瀕死のハンノを見守るカイの悲痛な表情は、観る者の心を打つ。このように、周囲の人々が二人の死を嘆く様子は映画の中でも見事に映像化されている。しかし、どちらの映画も、本人たちの内面、すなわち、死と対峙するトーマスのショーペンハウアー体験と、死に魅入られたようなハンノの音楽体験を可視化するには至っていない。

とはいえ死の表現に関して、原作よりも映画の方が印象深い効果をあげていると感じられる場面もある。故人が墓に埋葬される場面がそれである。原作では、墓の描写がごくわずかであるのに対し、二〇〇八年の映画では、喪服を着た一族と大勢の弔問客が、一族の棺を納めた墓の前で頭を垂れるシーンが繰り返される。かつて故人と激しく言い争った者も、冷やかに距離を置いた者も、大きな石の蓋が、棺が並ぶ墓穴の上に静かに下されていく間、頭を垂れ、家族として、素直な愛情をもって故人を悼《いた》む。

家族は一人ずつ死を迎え、屋敷から墓の中へと居場所を移す。その意味では、持ち主が次々に替わる屋敷よりも、一族の墓こそ、終の棲家と呼ばれるにふさわしいと言えるだろう。個人の死という最も私的なものと、葬儀という最も公的なものの組み合わせという点でも、屋敷と墓には共通性がある。代々の当主が一人ずつ墓にはいり、ついに全員が墓に移されると、屋敷が空になり、喪服の女たちだけが残される。そしてこのとき、家そのものが、死で満たされ、墓の様相を帯びるのである。

## 6　アイコンとしての家

初版に表紙絵はなかったが、その後のこの小説の表紙には、ドイツ語版にも翻訳版にも、メング通り四番地の家のファサードが頻繁に掲載され、世界中の読者にとってなじみ深いアイコンとなっていた［Dittmann, 187-191］。それだけに一九五三年に撮影された写真は、人々に衝撃的を与えた［Tschechne, 57］。アメリカ亡命を経て、戦後はスイスに渡った七八歳のマンが、夫婦でリューベックを訪問し、ファサードを残して廃墟のまま放置された家の前にたたずんでいるのだが、窓の穴の奥に見えるのは空だけである。だがその後、家は修復され、かつての威容を取り戻す。一

1870 年

1953 年。家の前に佇むトーマス・マン夫妻

出典：Radbruch, Thomas; Wisskirchen, Hans: *Das Buddenbrookhaus*. Hamburg (Hanse) 2001.

九九三年、マン兄弟の記念館としてオープン、二〇〇〇年には、「風景の間」と「神々の間」が復元され、小説のモデルとなったマン家の先祖やマン兄弟のみならず、父に劣らぬ世界的著名人となったトーマス・マンの子供たちの業績もあわせて展示されて、今に至る。

一度は廃墟となったこの家をよみがえらせたのは、空爆で破壊された町を復元しようとするリューベック市民の意志と、この家を観光資源として重視したリューベック市の判断である。だが一番の原動力となったのは、マンの小説の、一〇〇年以上たっても古びることのない魅力である。小説の中のブデンブローク家の人々は、今後も繰り返し映像化されることだろう。

## この章でとりあげた映画

『ブデンブローク家の人々』原題 *Buddenbrooks*　一九五九年　ドイツ映画
『ブデンブローク家の人々』原題 *Buddenbrooks*　二〇〇八年　ドイツ映画

## 参考文献

### 文学作品

Mann, Thomas: *Buddenbrooks. Verfall einer Familie*. Große kommentierte Frankfurter Ausgabe. Bd.1.1.Textband. Bd.1.2.Kommentarband. Frankfurt am Main. (S.Fischer) 2002.

Mann, Thomas: *Tonio Kröger*. In: *Frühe Erzählungen 1893-1912*. Große kommentierte Frankfurter Ausgabe. Bd.2.1.Textband. Frankfurt am Main. (S.Fischer) 2004.

### 文学作品以外の文献

Breloer, Heinrich; Adrian, Michael; von Ruville, Katja: *Thomas Manns Buddenbrooks. Ein Filmbuch von Heinrich Breloer.* Frankfurt am Main. (S.Fischer) 2008.

Dittmann, Britta: *Buddenbrooks heute*. In: Wisskirchen, Hans(Hrsg.): *Die Welt der Buddenbrooks*. Frankfurt am Main. (S.Fischer) 2008.

Eickhölter, Manfred: *Senator Heinrich Mann und Thomas Buddenbrook als Lübecker Kaufleute*. In: Eickhölter, Manfred; Wisskirchen, Hans(Hrsg): *Buddenbrooks. Neue Blicke in ein altes Buch*. Lübeck. (Dräger Druck)

2000.

Kommer, Björn R: *Das Buddenbrookhaus. Wirklichkeit und Dichtung*. Lübeck. (Graphische Werkstätten) 1983.

Mann, Thomas: *Deutsche Hörer!* In: *An die gesittete Welt.* Gesammelte Werke in Einzelbänden. Frankfurter Ausgabe. Frankfurt am Main. (S.Fischer) 1986.

Müller, Anne: *Wagneraufführungen in Lübecker Stadttheater (1884 bis 1894)*.In: Eickhölter, Manfred; Wisskirchen, Hans(Hrsg): *Buddenbrooks. Neue Blicke in ein altes Buch.* Lübeck. (Dräger Druck) 2000.

Pils, Holger: *Relektüre Buddenbrooks. Adaptionen für Film und Fernsehen.* In: Eickhölter, Manfred; Wisskirchen, Hans(Hrsg): *Buddenbrooks. Neue Blicke in ein altes Buch.* Lübeck. (Dräger Druck) 2000.

Radbruch, Thomas; Wisskirchen,Hans: *Das Buddenbrookhaus.* Hamburg. (Hanse) 2001.

Tschechne, Wolfgang: *Das Haus der Buddenbrooks.* Lübeck. (Lübecker Nachrichten) 1993.

von Wilpert, Gero: *Das Bild der Gesellschaft.* In: Moulden, Ken; von Wilpert, Gero: *Buddenbrooks-Handbuch.* Stuttgart. (Alfred Kröner) 1988.

ハーケ、ザビーネ『ドイツ映画』山本佳樹訳、鳥影社、二〇一〇年

# Ⅱ　ファシズムの影

# 第6章　仏独関係、映画の起源と戦争

## 映画の前史ディオラマ、そして戦争を撮った三人のフランス映画の監督

阪口　勝弘

## 1　仏独関係、そして映画

「一八〇〇年から一九三九年までのドイツ——フリードリッヒからベックマンまで」と銘打たれた展覧会が二〇一三年にパリ、ルーヴル美術館で開かれた。一九六三年に締結された仏独協力条約すなわちエリゼ条約五〇周年を記念し、両国大統領協賛の元に開催された。独仏友好を改め

て証す機会である。かつてドイツが国の統一とそのアイデンティティを確立しようと取り組んでいた時期の「文化〔Kultur〕」面での進展に、芸術が果たした役割を一覧し把握することができる。またそれぞれの時期の偉大な思想家たちの考えを芸術家たちがいかに創造の糧としたのかも、順を追って回顧することができる。このようなコンセプトのドイツ紹介はほとんどフランスでは行なわれたことがなく、有益であるというのが主催者側の意図である。この展覧会のカタログの紹介文は、フランス人のドイツに対する意識の一端をうかがうことができ、興味深い。ナポレオンの占領は、統一ということをドイツ人が意識するようになるのに有益であったが、不幸にもその悲劇的な面をも顕在化させてしまった。それはナチスの勃興であると締めくくられている。そして展示の後半では、リーフェンシュタールの映画が登場する。ナチスの雄姿を世界に効果的に知らしめるプロパガンダ作品を制作し、ヒトラーお気に入りの監督として常に挙げられる人物。ナチスはドイツの歴史に決して消えることのない刻印を押した。芸術家肌のヒトラーは、彼の呪いがこのように後世においても生き続けることを見越していたのかもしれない。この「ドイツ展」は、当然ドイツ側の激しい抗議を引き起こす。一九世紀以来のドイツの思想や文化の発展の帰結がナチスであるかのような印象を与えてしまうというわけだ。もっともな反論だろう。フランスのル・モンド紙も「大いなる誤解」と副題を付して両国の様々な新聞等の論評を紹介している。記事では、ルーヴル美術館側はドイツを歴史、自然、人間というテーマで紹介するという意図で展覧会を計画したのであり、論争を巻き起こす意図はないと応えている。「過ちはフランス側にではなく、むしろドイツの知的風土を包む不確かさにあるのだろう」「ドイツ人であることに失望するにしても、一人で静かにやりたいものだ。とにかくそれはルーヴルでもパリでもない」というドイツ人ジャーナリストの抜粋で記事は結ばれている。この「不確かさ〔incertitude〕」とは、フランスが標榜する普遍的合理主義に基づく文明に対し、その文明を可能にする個人の内的な主観的思惟をより高次とするドイツ人の考える「文化〔Kultur〕」の事を指しているだろう。展覧会の梗概でも、「文化〔Kultur〕」はドイツ語で表記されている。

夏のバカンスの時期にフランスに滞在すると、新聞やテレビには libération, libéré の文字や言葉が勇躍する。「解放、解放された」、戦争、とりわけナチスからの解放を意味する。フランス人にとっては、日本で言う終戦は解放なのだ。さまざまな特集が組まれ連日人々の元に届けられる。欧州連合の先頭に立ち他国を牽引する二国の間に横たわる感情。ドイツ国境間近のフランスの町ストラスブールなどでは、町の標識やレストランのメニューなどまでドイツ語とフランス語が併記され、両方の言語をあやつる住民も多い。彼らの意識は、二国に対してどのような距離をとっているのだろうか。

以上はラインの反対側から見える風景のひとつである。本章では、第一次および第二次世界大戦を主題もしくは背景にするフランス映画を取り上げる。しかし上述のような議論、論争に新たな一石を投じる意図はない。実際私はフランス文学を専門とし、映画の中にせよ仏独両国の比較を行なえるほどドイツ事情に通じているわけではないので、いくつかのフランス映画の作品を解説し、ドイツに対するフランス人の意識の例を垣間見ていただければと考える。そうしてこういった議論の種になる紋切型の根深い先入観、あるいは積年のたがいに対する否定的な感情を批判的に見返すきっかけとしていただきたい。

ここではフランス映画の三人の監督の作品を扱う。ジャン・ルノワール、クロード・シャブロル、ジャン゠ピエール・メルヴィル。世代も作品の傾向も異なるこの三人を選んだのは、もちろん私の独断的な評価によるものだが、基本的には観客の嗜好を満足させることを主眼とする商業主義的な娯楽作品ではない独自の視点や手法で撮られた作品ということだ。もちろん純粋に商業的な成功に重きをおいた娯楽作品で戦争を描いた名作も多い。しかしそういった作品は、勝利のカタルシスを観客に味わわせる目的で製作されていることが多い。あるいは敗北からくる悲劇のカタルシスの場合もある。ただし、本当のところ戦争において善悪を決するのは不可能だ。だから勝敗を決める戦闘ではなく、戦争という状況の中で生きた人間に焦点を当てた作品を取り上げたい。フランス文学の伝統であるモラリストの系譜に連なる作品と言っていいかもしれない。人間の細かな行動、風俗、習慣などをつぶさに観察し描写する。善悪ではない、人間の本当の姿。さまざまな視点で観察し独自の手法で人間を描いた映画を通して、新たな目で人間、そしてそれを包む歴史と向き合えるのではないか、それが狙いである。

本題に入る前に、そもそもなぜ戦争映画なのかということを述べておきたい。仏独関係がもっとも端的な形で表れていて、今なお人々の心に拭えぬ足跡を残し影響を及ぼし続けているという意味で、戦争は両国の関係の根源をとらえる上で無視できない。そして、特に民主主義を標榜する社会において、戦争の大義を補強するために映画は欠かせぬツールとして要請された。他国に暴力を働くという異常行動を民主主義社会で正当化するには、極端に言うと国民の多数が錯乱状態に入らなければならない。それは理性というよりも感情の問題である。多数の人々の感情を誘導するために映画はもっとも有効な手段のひとつだ。映画は一九世紀の最後にフランス、ドイツで産声を上げたが、その後、第一次、第二次大戦と近代的な戦争が展開されることになる。映画と戦争はその歩みを共にし、結びつきはより強固なものになっていく。しかしもっと以前から感情を左右する映画の力は準備されていた。あるいはその前よりある映画の前史と言える視覚的な見世物の頃から、すでにこの力は明らかなように思える。このことを一九世紀の初めにさかのぼりたどってみたい。本章はまずこの映画の起源とも言い得るディオラマを紹介し、映画と戦争との関わりの歴史をたどる。偶然にも「ドイツ展」と同時期を辿ることになるが、一九世紀前半からその歴史を紐解く。その後、三人のフランス人監督の、戦争を主題もしくは背景とする作品を取り上げることとしたい。

## 2　映画の前史ディオラマから映画に至る道筋

映画にはディオラマという前史がある。映画の専門家からこのように語られるのは稀だが、ディオラマの研究者たちには共有された認識である。現在、日本ではディオラマは「模型」の意味に使われており、ここで述べるディオラマはほとんど忘れ去られている。あるいは、「ーラマ」という語尾の類似から、三六〇度周囲に張りめぐらされた迫真に満ちた巨大な絵を見まわして鑑賞する、世界中で流行を生み、今なお大規模な博覧会などの機会に各地で建設されるパノラマの一種と混同して辞書に記されることもある。文字文化の優越のもと、新来の視覚文化は軽視されたゆえであろう。しかしその形態、また及ぼす効果を考えるときに、まさしくそれは映画の前史と言える。

ディオラマは一八二二年にパリで公開され評判になり、続いてイギリス、ドイツ、アメリカ、さらには日本でもさまざまな改造を加えながら上演される。パリのディオラマ館は一九世紀の前半で終息し、消滅した。照明を多く使うために火災に見舞われたということと、その発明者の一人であるダゲールが、実用的写真の原型である銀板写真（ダゲレオタイプ）を発明し、さらに開発を進めて世に送り出す道に身を投じた流れとを考えると必然であったとも言える。

日本の映画館のスクリーンと比べると、ほぼ国内最大級の大きさになる、長さ二二メートル、高さ一四メートルの半透明の布の裏表にさまざまな色の半透明の絵の具で図柄を描き、数種類の色の光を工夫して当てることで、その都度、さまざまな図柄が浮かび上がる仕組みを利用し、異なる図柄の連続で人物の動きや風景の中の太陽や月の光、あるいは風や波、火の動きをダイナミックに表現する。観客はこれを壁にあけられた、縦四メートル横七メートルの開口部を通してみることになる。これはスクリーンの端を見せないことで現実味を増し、さらに枠を通して見ることで画面に深みを与える効果がある。このような絵が数枚用意されていて、演劇になぞらえると二幕物、三幕物を構成するわけである。客席は回転移動して、あらかじめ壁に用意されているこれらの絵を順に見る。一枚は大体一五分程度の上演になる。そうして一連なりのストーリーを構成する。扱われるテーマは、聖書に書かれた出来事、教会でのミサの様子、大火事、雄大な山や湖の風景、町の遠望といったように崇高さ、雄大さ、そしてその主題によっては畏敬、恐怖といった感情をかき立てるものが主である。

一九世紀前半のロマン派作家にして詩人のジェラール・ド・ネルヴァルが、ディオラマを観た感想を印象的な劇評記事にしている［Nerval, 840-843; ネルヴァル、三九二〜三九六頁］。ネルヴァルが取り上げるディオラマは、聖書の大洪水をテーマにした演目である。広大な谷間の中に見たこともない巨石式の優美な姿を拡げる途方もなく大きな町がある。ピラミッドやオベリスクも見られる。やがて徐々に日が暮れる。そして水がその町の外壁を越え流れ込み、建物を破壊し飲みこみ、人々は屋根から塔、山の上へと逃げるが、すべては轟音をたて貫きとおる水柱の中に沈んでいく。そして第三景では水面を漂う箱舟、そして最終景では水がひき、ノアの一族は山の頂上で天の赦しを示す虹を見るという流れである。ネルヴァルも迫真に満ちた上演を目の当たりにした感動を記している。「なかば空想的な自然情景を再現しているのだが、驚くべき真実味を備えている」「驚きや感動、興味深い展開をもつ真の劇的なスペクタクル」と書く。当時「演劇での大きな呼び物、力作」だったようである。「驚き」「感動」「興味深い展開」を一枚の布の上に展開し、その物語の進行、動きを鑑賞するというのは映画のようだ。そして絵であるにもかかわらず「驚くべき真実味」を生み出す精緻な仕掛けだったことがわかる。

芝居では人間が動き、状況を設定する背景は、二次的なものである。もちろんバロック劇の時代にさまざまな仕掛けが工夫され、固定された背景という考えがあてはまらない場合もあったのだろうが、一般的な芝居はあくまで俳優と台詞が中心である。そこから俳優が消え、台詞も消え、背景が残され、それが前景化し主人公となり、その中で一連のストーリーが展開し、観客に感動を与える。台詞の不在により論理は後退し、残るのは事物の動きや生滅と光の刺激。それらによって喜びや恐怖、時には崇高さを感じる。しかもそれは暗闇の中に提示される四角の白布の上で起こる。ここにおいて、スクリーンという特権的な場が誕生し、それに対峙する観客は自分の引き出された感情を存分に解放するという形式が確立することになる。しかもそれは個人の内的な体験に止まらず、大勢の眼前で同時に起こることで、公共性も有している。台詞を聞き、思考し、理解する必要は無い。ただ目を開き受け入れればよい。そして皆が見ている。これは公然たる真実なのだというわけだ。

革命によって人々が信じてきた宗教や王の権威が力を失い、続くロマン主義の時代には詩人が預言者の役割を託される。彼らは詩人の透視力でもって見たものを文字にするけれど、その中に、実は普遍につながるものが秘められているのではないか、失われた権威が示してくれていた超越的なものがその中にあるのではないかと人々が探し求める、そんなロマン主義の時代にうまれたのがディオラマである。人々はスクリーンの中に何か理想的なもの、自分を導く可能性のある超越的な気配を探そうとする。絶対王政から、少なくとも理論上は平板な民主主義社会への移行によって、姿を消していく「絶対」の代替物を民衆が求める場として目に見えて判りやすく感情に訴えるスクリーンは、新たな時代の神聖な磁場を形成するに至るだろう。

やがてディオラマが姿を消してから約半世紀立ち、映画が誕生する頃には、時代の趨勢は写実主義の時代に移っている。社会が速度を上げてブルジョワ化し、科学万能の俗物主義へと姿を変えていく時代にあって、呪詛の目を向ける詩人ボードレールの言葉は象徴的である。

私はディオラマの方へ連れ戻されたいと願うのですが、その乱暴で度外れな魔術は、私に有無を言わせず一つの有用なイリュージョン〔錯覚〕を突きつけるのです。私はそこに私にとりこの上なく愛しい夢たちが芸術的に表現され悲劇的に凝集されているのが見出されるような、何かしら芝居の書割を眺めるほうが好きです。こうした物の方が、偽りであるがゆえに、真なるものに無限に近いからです。これに対してわが風景画家たちの大部分が嘘つきであるのは、まさしく彼らが嘘をつくのを蔑ろにしたからであります。〔ボードレール、一二四頁〕

「偽りであるがゆえに、真なるものに無限に近い」。作り物の絵に動きを再現するディオラマを「偽り」と言っているわけだが、それに対してボードレールがここで揶揄しているのは写真のような当時流行の写実主義絵画である。初期の映画も現実を写すことに重心を置いたわけで、これを初期の映画に対する言葉としてとらえる事もできるのではないだろうか。「有無を言わせず」「愛しい夢」を実現し、それは「真なるものに無限に近い」。これがディオラマの魔術なのだ。

ところが写実一辺倒の絵画や映画はその力を失っている。

けれども映画の発展は急速で、映画はスクリーンの中に宿る魔力を再び見出すことになる。映画は現実を写しつつ、さらにディオラマのように魔術を振うことの両方の力を身に着けていく。暗闇の中のスクリーンは、その磁力を再び発し始める。映画のための下地は半世紀以上前に準備されていたというわけだ。

多くの独裁者たちは、この映画の効果に早くから気づいていた。スターリン、そしてヒトラー。ヒトラーは映画専門の部署を設け、第三帝国、あたらしいヨーロッパ建設を世界に向けて発信した。それより先に、大衆を圧倒し絶大な影響力を行使することが可能になる映画の力に目を着けたのは、スターリンであった。独裁に必要な洗脳のために映画は利用されていく。映画の力に着目したのは独裁者だけではない。フランスの場合は、戦後、勇敢にドイツ占領軍と戦った抵抗運動、レジスタンスの戦士たちの、命を顧みない英雄的行為を描いた多くの作品が制作される。そしてレジスタンス運動も現実以上に神話化され、人々の脳裏に英雄神話を刻み込んでいく。誇り高く正義を守る偉大なる共和国フランスのイメージ。正義の闘いを印象付ける映像。

ポール・ヴィリリオは、戦時において戦況把握のために必須であった航空写真を改良するための技術革新などが映画に及ぼした影響を指摘し、映画と戦争がいかに進歩を共にしたかを詳細に記した。私はこの技術的側面に加えて、ロマン主義の時代にその精神性を滋養するかのように現れた映画の前身であるディオラマによって、理屈抜きに人心を染める力をスクリーンが持つようになる、その回路が確立されていくことを映画の前史と戦争の関わりとして付け加えたい。統一された国家のイメージや、近代的な大規模の戦争に欠かせぬ国民の戦意高揚と意志の統一には、有無を言わせず真実の感覚へと人を引きずりこむ映画が不可欠であった。逆に映画のしくみがなければ、たとえば戦況を伝えるニュース映画を始めとする映像メディアがなければ、現代の戦争のような国民の統一した意思として行なわれる組織化された戦争は不可能だったのではないかと考える。

ディオラマや映画の持つ力は見る者に強力に作用し、真偽を問う暇を与えずにあらゆるものに「真実味」を与えていくことができる。そして多くの「歴史」すなわち「真実の物語」を生み出す。光の源泉にいるのは天使か悪魔か、見出すのは難しい。

## 3　ルノワールの撮った戦争

フランスとドイツの戦争を描いた映画と言えば、まずルノワールが挙げられる。古典映画の巨匠であると同時に、後の新たな映画界のムーブメントであるヌーヴェルヴァーグの若き監督たちからも師と仰がれた、新旧両派をまたぐ映画監督である。『大いなる幻影』は一九三七年に製作公開された、第一次大戦を舞台にする映画である。後にルノワール自身がこの映画を紹介する映像で、一般向けに判り易く映画の梗概を述べている。そこでは、彼は第一次大戦を「ヒトラーもいない、ナチズムも発明されていない時代の戦争、こう言って良ければ、ある程度それは紳士の戦争だった」と表現する。実際映画の冒頭では、偵察のため敵地に飛来したフランス軍のパイロットが墜落し捕えられドイツ兵の隊舎に連行されると、居並ぶドイツ士官たちは立ち上がり互いに敬礼を交わし名を名乗る。いずれもたどれば由緒正しき貴族の末裔というわけである。ドイツかフランスかという敵対関係の前に、お互いヨーロッパ貴族であるという誇りと同朋意識の方が優先される。戦争に礼儀も何もないではないかと言えば、もちろんそうだが、ナチスの残虐非道に比較するならば、まだその中には「伝統」に基づく「正義」がかろうじて守られていたということだろう。一般に歴史解釈では第一次大戦をもって大量、無差別殺りくが始まり、戦いから「紳士」は姿を消すと言われている

が、自身が参戦した第一次大戦に対する懐古趣味も混じっているのだろう。ただ、二〇一四年は第一次大戦開戦一〇〇年を迎えて、さまざまな催しが行なわれており、再解釈が試みられている。第一次大戦後のドイツの窮状を主題にした小説エルンスト・ハフナーの Entre frères de sang（『血の兄弟たちの間で』未邦訳）がフランスのあちこちの書店で店頭に置かれていたのが印象的だった。第一次、第二次大戦の再解釈の機運なのだろう。

映画に戻ると、逃亡の途中かくまってくれたドイツ人の女性と、一人のフランス軍将校は恋におち、戦後必ず迎えに来ると約束をする。恋に国境は無い。もちろんこれはフランスでは対独協力者に対する蔑称である「コラボ」と呼ばれる行為にあたる。しかし戦後、恋愛や結婚を通して戦中の絆を成就する人たちは少なくなく、世間はこれをも否定的に「コラボ」と呼んだ。とにかくドイツ人と何らかのつながりを持った者はコラボなのだ。しかしルノワールの視線はドイツ人、フランス人を超えて「人間」に注がれる。国境など大いなる幻影だとでも言うかのように。

白黒映画は古い映画という先入観をはねのけて、ルノワール映画の画面は実にすばらしい。彼の画面は古びずに生き生きと精彩を放つ。何よりもそれは「人々」に向けられたときに冴えわたる。たとえば頻出する兵士たちの場面では、この兵士たちが非常に生き生きとしている。ひとりひとりの個性がしっかり把握されつつ、かつ集団としてもまとまりながら動いている、監督の父が著名な印象派の画家ピエール＝オーギュスト・ルノワールであったという先入観ではないかと反省を入れながら見ても、そのさまはあたかも絵画に描かれた人物たちのように明快な輪郭を持って丁寧に描かれている。不思議にひとりひとり愛すべき人々に見える。繰り返し見ると、人物同士の距離が近いことに気づく。兵営の中で生活する兵士たちが、互いに一塊になり画面を占める。原子が振動しながらも一つの物質を形成するように、互いに干渉しあいながら独特のリズムを生み出す。人物の動きが織り成すオーケストラだ。これが『大いなる幻影』の脈動なのだろう。生身の俳優によって演じられる芝居の持つ生き生きとしたエネルギーが、そのままに画面にもみなぎっている。俳優にしたいようにやらせて少しずつ成形を施していくイタリア流の演出によって、彼の映画は生命を得る。

ユダヤ系であった彼は、第二次大戦中には難を逃れてアメリカに製作の拠点を移す。アメリカの製作現場は効率主義一辺倒。美的な満足度よりは、いかにより多くの観客に受け入れられるか、予算を少なく済ませることができるか、計画通りの期間で製作を完了することができるかが目標となる。満足いくまで何度も撮り直しをしたい映画作家の欲求不満は募る。そんな中で完成した作品『自由への闘い』は、前作『大いなる幻想』とも後の『捕えられた伍長』とも明らかに異なり、私たちがよく目にする軽く明るい雰囲気が主調のアメリカ映画に独特の画面構成となっている。知らずに見るとルノワールの作品とは気づかないのではないだろうか。主人公は年老いた母と暮らす学校の教師で、ある朝、自宅に反ナチスのビラがドア下から差し込まれる。そんな物を所持していれば身に危険が及ぶ。平凡な家庭に一転して戦時の危機が流れ込む。そしてついに訴追されるが、最後に法廷で名演説をぶつ。ドイツに占領されているのは、闇市を利用したり、ドイツ人相手に商売して儲けている自分達の卑怯さ、臆病さのせいだと、母を始め、自身と居並ぶ仲間たちを颯爽と批判する。少々紋切型だが感動を呼ぶ弁論場面だ。そして評決は無罪。誠意ある個人の勝利だ。しかし職場に復帰し、小さな子供たちに人権宣言を順に読んで聞かせているときにドイツ軍が彼を捕えに入ってくる。そして彼は、兵士の手を振り払い堂々と連行されていく。こういったヒロイズムはアメリカにおいてこそ有効で、実際に占領を体験した者にこの種の単純な英雄は生まれるべくもない。スピルバーグの『シンドラーのリスト』の楽観的なラストが議論を呼んだのを思い起こさずにおれない。ルノワール自身も、アメリカにいながらフランスの悲劇に対して義勇心を奮い立たせて見せる似非の反戦家たちに少々嫌気がさしていたそうで、それに対する皮肉まじりの批判としてこの映画を製作したと語っている。概ねルノワールらしからぬ平凡な構成の作品であまりに酷評が多く、まして公開はナチスが降伏した翌年である。時期も逸したのである。そんな逆境でルノワールが語る言葉をそのままに受け取るべきか判断に迷う。もしかすると否定的な世評に対する意趣返しではなかろうか。単純に見れば、監督は勝手の違う現場で苦労しつつも、アメリカの風土に合わせた反戦映画を製作公開し、祖国の窮状を訴え支持を拡大しようとしたと解釈できる。実際、友人宛の手紙にそう書いたこともある。おそらくは両方が真実なのであろう。

ルノワール最後の映画作品も第二次世界大戦が主題である。一九六二年の『捕えられた伍長』では、その手腕は円熟味を増し、少しゆったりとしたテンポで余裕を感じる作品に仕上がっている。第二次大戦の初めにフランスはドイツに敗戦し、一九四〇年六月に独仏休戦協定を結ぶ。これ以後フランス北部、そして後には南部に至るまで、一九四四年の解放までドイツの占領下に置かれることになる。フランス人にとって屈辱であるが、兵士たちには、威信の問題よりも重要な問題がある。休戦が決まり、負けたとなると、これで任務終了と急いで隊を離れ家に戻ろうとする。ある農夫は農作業を妻の女手に任せきりにしているわけで、気が気ではない。即座に荷物をまとめ隊を離れようとする。そんなところから映画は始まる。

たくさんの荷物を体中にぶら下げた少し間の抜けた兵士は、ドイツ兵に制止され、徐々に占領の意味を理解することになる。主人公の伍長も何とか収容所から逃げ出そうとするが、叶わない。塀をよじ登り、飛び降り、走って逃げたり、工事の計測作業のふりをして徐々に外側に出て走って逃げたりといった具合だ。また間一髪のところで葬儀の列に潜りこんで花輪を持ち、追手をかわす場面もある。しかし逃走劇につきものの張りつめる緊迫感も、息をのむ場面も無く、逃走劇が淡々と普通の速度で描かれる。ユーモアさえ漂うパントマイム劇のようだ。無声映画からそのキャリアを積み上げたルノワールは、豊かな身体表現や少し大仰な表情といった、サイレント時代のリズミカルな演出とトーキー以降の映画の特質とをうまく組み合わせ昇華していて、ルノワールならではの絶妙のリズムが生まれる。そして伍長たちを取り巻く収容所の仲間たちも、ひとりひとりが表情豊かで愉快な人物として描かれている。仮病を使ってドイツ士官をだましたり、監視兵がトイレに入ったら外から閂《かんぬき》をかけて閉じ込めたり、子供のいたずらじみて愉快なエピソードに満ちている。戦争に参加し、足を負傷し、終生不自由を強いられたルノワールだが、彼の苦しみは悲劇を創り出さない。ナチスの大量虐殺から離れた場所では、このような場面が繰り広げられていた。これは人間の強さだろう。常に楽しめる、あるいは苦しい状況でも普通に生きることができる強さ。それがルノワールの描く戦争映画の中心だ。

物語の最終部でようやく二人の主人公である伍長と彼の腹心が国境を越える場面は、『大いなる幻影』のラストシーンと明らかに響き合う。そこで二人は農作業をする男女に出会う。伍長が祖先の土地のために戦わないのかと聞くと、男は小作だから自分の土地は無いと応える。戦争が終わったら結婚すると傍らの女性の肩を抱き、ドイツ語で話しかける。そして伍長たちは逃げ延び、セーヌ河にかかる橋の上からパリの町の空気を満喫する。霧もよいのパリ。素晴らしい解放感。「美しい。パリの香りだ」始まったばかりだ。再出発だ。二人は握手をして別れる。立ち去る伍長の後姿を写し静かに終わる。晩年はずっとアメリカに居を据えた巨匠の望郷の思いを聞くようだ。ルノワールの戦争作品に共通しているのは、敵、悪の不在である。勧善懲悪のように絶対的な悪役が登場するわけではない。そのつど登場人物たちが個人として不善をなすことはあっても、それが取り返しのつかぬ悪行とみなされ罰を受けることは無い。人間は清濁合わせ持つ存在なのである。また逃亡のさなかに恋もする。戦争などと渋面に構えるのが滑稽に思えてくる。ただし公開当時は国粋思想の隆盛期で、反応は賛否両論であり、フランス兵が捕虜になった場面や、敵のドイツ兵と仲良く楽しく過ごしていたなどありえないというのも一般的な反応だったようだ。

## 4　シャブロルの撮った戦争

海の見える丘で食糧にするための草を摘む幼い娘を抱いた若い母親と、反抗して叱られながらもまんざらでもなく母の手伝いをする小さな息子。穏やかで明るい音楽。地方の貧しいながら幸せな家族の風景。映画『主婦マリーがしたこと』の冒頭だ。ところが「今夜はカフェに気晴らしに行くよ。私もまだ若いんだからね」と言う母の言葉で、映画は一気に妖しい色調に変わる。小さな子供を置いて出かける母、しかも子供に対しての台詞とは思えない。常識とはずれた何かを巻き起こしそうな妖しい気配のある女性。シャブロルはサスペンスの巨匠ヒッチコックにインタヴューを仕掛けたほどに、彼の映画を好んだ。サスペンス風のタッチで主人公マリーが登場する。

シャブロルは一九三〇年生まれだから、第二次大戦当時は少年だった、戦争を知る世代だが、彼自身は戦争には参加していない。シャブロルは『主婦マリーがしたこと』で戦争をいかに撮ったか。戦争映画と言えば一般には戦闘を描いた映画ということになるが、戦闘だけが戦争ではなく、銃後の生活もあり、また戦前戦後の期間もある。特に戦中戦後の物心両面にわたる荒廃、これも広い意味で戦争ととらえなければならない。戦闘がもたらすものも含めすべて戦争だ。

そして、この作品でシャブロルが撮ったのは女だ。第二次大戦を扱う映画における女と言えば、直ちに浮かんでくるイメージがある。人々に囲まれて無理やり頭髪を丸刈りにされる女性。ドイツとつながりを持ったがゆえにフランスがドイツの占領から解放された後、あまたの女性がこの屈辱を受ける。忘れることのできない心象風景。そういった強迫的な映像はやがてその時代を表す象徴となり、その時代を知らない人に、その時代の本質を直に伝える役割を果たすことになる。意味は分からないが繰り返される映像。言葉にして説明はできない。しかし脳裏を去ることのないイメージ。丸刈りにされる女はいくつもの作品で繰り返し映像化されることになる。実際にはドイツでもこの蛮行が行なわれたようだが、映画ではフランス映画に頻繁に登場する。『情婦マノン』（アンリ＝ジョルジュ・クルーゾー監督）、『二十四時間の情事』（アラン・レネ監督）など。特に『二十四時間の情事』では原爆投下後の広島を訪れた、過去にドイツ軍の将校と恋仲であったフランス人女優の個人的体験が、被爆した広島の町、あるいは負傷した人々の惨状と重なり、彼女の中にありながら、自分でも近づきがたい記憶の地層を形成することになっていく。

シャブロルの描き方は、これらの戦争につきものの残酷で脅迫的なイメージとは無縁だ。ひたすら現実に肉薄する。梅本洋一は「〔……〕ぬめるようなジャン・ラピエによるキャメラ・ワークを見ているだけで、この映画は正しくクロード・シャブロルの作品であることを私たちは感じている」と書いている［梅本、一八〜一九頁］。シャブロルは皮膚の表層にすべてを映し出す達人である。そして『主婦マリーがしたこと』では、母であると同時に白馬の王子にあこがれる若い女、夢を見る少女、倦怠期の妻といった女性のさまざまな面をひとりの女に体現することに成功している。原作は弁護士が書いたノンフィクション調の本であるが、そこから見事にひとりの女を立ちあがらせて見せる。シャブロルは映画監督をストーリーを語る者と詩人とに分けて、詩人には Welt-anschauung（世界観）が欠かせないと言う［Chabrol, 11］。知的な面にとどまらず、実践面や情緒も含む統一的な世界把握を意味するためにわざわざドイツ語の Welt-anschauung を使っている。うるさくない程度にもっともうまく相手に自分の Welt-anschauung を伝え得る形。詩人はそれを知らなければ

ならないと言う。シャブロルは、原作からマリーという世界をつかみ得たのだ。

『主婦マリーがしたこと』は大戦中につつましい生活を送る、送らざる得ない状況にしか至れなかった主婦マリーが主人公だ。彼女は石鹸水を下腹部に注入することで堕胎を行なう知識を有していて、たまたま隣人が困っているのを見て実行に移し成功する。そしてお礼に蓄音機をもらう。蓄音機は、彼女にとって夢への第一歩である。というのも、彼女は歌手になるのが夢だったからだ。しかし平凡な結婚生活、休戦により復員した夫や子供の面倒を見る毎日では、それは望むべくもない。抑圧された夢が一気に陽の目を見る。子供の生命をおろし、自分の夢が生を与えられるという皮肉。彼女は堕胎を仕事として礼金をもらい蓄財をして、新たな家に引っ越し、良いものを身にまとい、ついに歌の練習にも通い始める。そして夫とは違う別の若い美男子を愛人にしているのだが、夫はそのことを知り問い詰めるも彼女は知らぬふり。挙句は雇い入れた家政婦に夫と同衾《どうきん》するように勧めるありさま。欲求不満を解消してやってくれというわけだ。

時はドイツ占領下。フランスのペタンが元首となり形だけは留めていたヴィシー政権のフランス政府であるが、道徳的退廃がもとで敗戦を招いたと考え、このままではフランスが消えてしまうという危惧を抱き、革命前の古き良きフランス、土地に根づく勤勉な国民が支える農業国フランスの威信を取り戻そうと鼓舞する。そうしてペタンは「労働、家族、祖国」を旗印に掲げる。いわく「国民革命」である。道徳心の育成を強化し国力を回復する、そんな流れの中で国家の土台たる子供の堕胎を率先して行ない私利を得て、売春婦に部屋を提供もしていたというのは国家に対する反逆である。戦時のため臨時に制定されていたパリ国家裁判所に引き立てられた彼女は、堕胎に対する罪すなわち国家に対する重大な反逆を行なったとして、周囲の予想も及ばぬ刑を科される。死刑、もちろんフランスの慣行どおりにギロチンによる斬首刑である。しかし主婦マリーにはそのことが呑み込めない。彼女には科された刑罰の軽重も判断する能力は無く、そもそも何が罪なのかもわからずにいる。そんな彼女が弁護士にした唯一の質問には虚を衝かれる。「痛くはないのかしら」。彼女は自分の夢を一つずつ実現していっただけだ。困った女たちを助けてあげたい、そして人から尊敬されたい、お金持ちになりたい、大きな家に住みたい、素敵な恋がしたい、歌手になりたい。夫に家政婦をあてがおうとしたのも自分ばかりではなく、夫にも憂さ晴らしをさせてあげるためだというのはあまりに都合の良い話なのだろうか。マリーは本当にそう思っていたのだろう。

ギロチンの前に引き出される主人公。カミュの『異邦人』で、主人公ムルソーは自分の殺人の意味を問われて「それはたぶん太陽のせいだ」と答える。ムルソーは自分が世間から見て不条理な世界に属することを理解している。また自分の言葉の不条理も解っている。マリーには不条理な言葉さえも浮かばず、自分がしたことを世間がどうみているのかも把握できない。何も理解せずに、ただ彼女は占領された国家の名誉回復の生贄として処刑される。あるのは彼女のしたこと、具体的な生の軌跡のみ。彼女は合理的に組織された世界に虚無の視線を投げかける。その表情をシャブロルは見事に映像化した。主演女優イザベル・ユペールの処刑前の表情は、憎しみでも、怒りでも、恐れでも、深い悲しみでもなく、言葉にし得ない混乱からくる虚無であり、強烈に見る者の記憶に残る。

ユダヤ人のドイツ移送にも加担させられたり、悪の前でそれを止める手だても無く巨大な偽善のシステムにまき込まれていくと嘆くマリーの弁護士。のんびりと池のそばを散策するドイツ兵を見て、あいつらのせいかなとつぶやく彼に同僚が応える。それは言い訳だと。自分の持つ臆病さへの腹いせだと言う。彼ら、君、そして俺。フランスは巨大な鶏小屋だと。刑務所の世話をする尼僧たちがマリーに対して憎々しげに、ときに薄くあざけりの笑みを浮かべるのも同じことなのだろう。

作品の締めくくりは「処刑された者たちの子供たちに憐れみを」という字幕。主人公マリーを中心に映画を観てきた私たちは、ここで初めて子供の視線に気づかされる。これは子供の眼から見た映画だったのかも知れないと思い致る。そう言えば冒頭でも息子、物言わぬながらも生き生きとした闊達な意志の動きをうかがわせる目をした息子の顔がしばしばクローズアップで映し出されるのに少し違和感を覚えるのだが、子供の目から見た映画だとすると、最期を迎えたマリーの無表情も少し違う解釈ができるかもしれない。子供は永遠に母の本心に近づくことはできないということだ。寓話のような世界なのかもしれない。

シャブロルはこのように、善悪よりは、存在そのものを映像化する作家だ。だからナチスの傀儡であったヴィシー政権についても、それを批判するのではなく、ヴィシー政権、もしくはその支持者たちは当時世界をどう見ていたのかを再構成した映画『ヴィシーの眼』を撮った。ナチスにならい「規律正しく誇り高いヨーロッパ」が再建されていくさまが堂々と描かれている。シャブロルは人々に誤解を与えると非難されることになるが、大衆をばかにするにもほどがあると逆に怒りをあらわにしている。シャブロルは映画の魔力を熟知していたがゆえに、それを縦横に駆使して正反対の考えを持った者の視点から見える世界を再現し、われわれに見せてくれる。シャブロルは、映画の魔術を良識の糧とした興味深い作品を残したと言える。

## 5　メルヴィルの撮った戦争

画面いっぱいに映し出される凱旋門。そして複数の規則正しい靴音。ごく小さくしか見えていなかった集団がやがてこちらに近づき、その姿はどんどん大きくなり足音と共に画面を占める。ドイツ兵だ。この冒頭の画面の衝撃は忘れ得ない稀有なものだ。秀逸な冒頭の場面。凱旋門は大きな広場の中心に立ち、門の周りの円周を多くの車が走り、そこから時計の文字のように等間隔に一二本の大通りが放射状に延びる。大通りの両側は均一の高さに整えられた建物が並び、整然として美しい。門を取り巻く広場や通りの美しさと共にバランスよく映像化されるのが一般的であるが、『影の軍隊』冒頭の凱旋門は、真正面からほとんど単独で映し出される。戦いの勝利の記憶を刻むモニュメントが中空に独り佇んでいるように見える。なす術もなく立ちつくすフランス人の自尊心の象徴。それがやがてドイツ兵に占領されていく。また、大きく映し出されたドイツ兵たちは、背景の凱旋門をくぐってきたようにも見える。凱旋しているのは彼らだという皮肉。そして全体をおおう、やや暗めの色調。観客は一気に第二次大戦当時の気分に引き込まれる。メルヴィルの詩学だ。必要な情報を一気に空間に漂わせて一枚の絵に構成する。繰り返し鑑賞に価する画面が生まれる。メルヴィルは、この画面のためだけに一〇〇〇万円を超える製作費をつぎ込んだ。

メルヴィルはフィルム・ノワールの巨匠と言われる。フィルム・ノワールは黒い映画、暗黒の映画が字義で、暗黒世界、ギャングなどの裏社会を舞台にする作品という意味で現在は流通している。しかし『映画思想辞典』の定義はあくまでそれは語源に過ぎないとする［De Baecque, 300-302］。それに客観的再現よりは主観的表象を重視する表現主義と、第二次大戦後の現実をロケ主義で生々しく描くネオリアリズモが重なったものをフィルム・ノワールと定義する。そもそも定義しがたいあいまいなジャンルである。しかしフィルム・ノワールを好むファンは多い。彼らは特定の監督や物語というよりは、フィルム・ノワールが好きだと公言すると『辞典』は言う。表現主義といいネオレアリズモといい、主観的な独自の空間構成に魅力の源泉を探ることができそうである。映画空間を作るのは役者であり、背景、そしてその中の物であり、台詞であり、音楽だ。そのすべてにフィルム・ノワールは独特の刻印を施し、現実と少しずれた夢幻の色合いを帯びた世界を作り出す。冒頭の凱旋門とドイツ兵の画面にしても、誰もが知る建築物が異なる顔を見せ、特定の時代の雰囲気を象徴する物に変質する。

別の例を引くと、ゲシュタポに連行される主人公がしばらく待つように言われ椅子にかけている場面がある。先にもう一人捕えられた者がいる。見張りは兵士一人。自分が兵士に話しかけたすきにそれぞれ別方向に逃げようと、主人公はもう一人の男にささやく。彼が見張りの兵士に煙草を持っていないかたずねた瞬間、兵士のナイフを抜き取りその首を刺す。走る。追いかけられる。銃声。そして主人公は床屋に逃げ込む。兵士に話しかけるまでの間合いがたっぷりととられ、ついに意を決した主

人公はもう一人の男を見ると、男は軽くうなずく。これが兵士の目の前で行なわれる。ばれるのではないだろうか。そんなリアリズムには無頓着な演出だ。ぎこちない印象さえ受ける。同じ場所にいながら、主人公たちの対話は周囲の者には聞こえていないという、演劇ではごく自然な慣習である。そして版画のように何か作り物めいた色調の画面も芝居の舞台のようだ。

また自分たちを密告した若者を殺害するシーンでは、三人の男が初めての殺人にためらい、殺害の方法を相談する。ナイフが見当たらない、それでは手で首をしめろと言われた男が驚愕し反発する。この相談は殺害される運命の若者の前で交わされる。見方によっては喜劇にも見える場面だ。滑稽に取り乱す男たち。そして殺害した後も後悔の念にさいなまれる。『影の軍隊』の二年前にメルヴィルは、アラン・ドロン演じる冷酷無情な殺し屋を描いた『サムライ』を撮っており、フィルム・ノワールの代名詞のように言われ日本でも好評を博した。何の感情も表さず殺人を行なう美男子が主人公で、フィルム・ノワールの典型的人物類型とされるが、まったく対照的な殺人者だ。しかし『影の軍隊』では、冷淡で無慈悲なのは主人公ではなく彼らを取り巻く状況である。主人公たちが望まぬ方向に抗いがたく流されていく、しかもそれは自分が下した決断によるのだが、悲劇的な運命が人間の持つあいまいさ、戸惑いを波のようにすべて押し流す。メルヴィルの作品では暗めのブルーが独特の雰囲気を醸し出し、メルヴィルブルーと呼ばれるが、押し流す波やそれをのみ込む海を暗示していると考えてみるのもあながち間違いではないと思える。

戦争という状況下で、他に選択肢がなく追い込まれていく主人公たちは、その場は自分たちの有利に計らうことができても、やがては避け得ぬ悲劇的運命が待っている。そんな中で不本意な攻撃や殺人を繰り返す人物たち。組織の中で皆の尊敬と信頼を得ている女がドイツ軍に捕まり、仲間の素性をばらしたことがわかる。娘の命を脅かされたのだ。裏切り者には死しかない。皆が反対する。しかしリーダーの男性は、死は彼女が望んだものだと言う。娘の命と引き換えにやむなく白状してしまったにしても、それは彼女自身にも耐え難い葛藤をもたらす。いったん密告をした以上、生きている限りナチス側に情報を流し続けねば、娘は殺される。自殺も出来ぬ状況の中で、彼女は仲間によって殺されることを望んでいるに違いないと言う。そして皆は彼女の殺害に向かう。組織の主だった人物が全員同じ車に乗ってパリの街中を走るのは、ドイツ兵の監視下で、これほど危険なことは無い。しかし彼らは、その場へと向かう。組織の母のような女の死と自分たちの死の可能性へと向かって車を進める。敗走の始まり。しかし敗者が惨めだとは限らない。決然と大義に生きよう、人間的な情を捨てようともがく弱者の姿は崇高である。このとまどい、ためらう一見不格好な英雄、それもフィルム・ノワールの美学である。

主人公たちは、フランスレジスタンス運動の一翼を担う者だ。第二次大戦でドイツに占領されたフランス人たちは、秘かに反ナチスのビラや冊子を作り、一般の人々に配布宣伝する。また迫害される者をかくまい国外への逃亡を手助けする。さらに過激な場合は、ドイツ軍の兵器を積んだ貨車あるいは橋などを爆破したり、直にドイツ兵を殺害したりもする。これらの抵抗運動は、反ナチスを掲げ勇敢に戦ったフランス人の誇りとして今に語り継がれる。ただ実情は複雑で、イギリスに亡命し自由フランスの名のもとにラジオなどで徹底抗戦を呼びかけ、解放時にはいち早くフランスに乗り込み歓喜で迎えられたド・ゴール将軍に連なるド・ゴール派もいれば、共産党員もあり、労働組合の組織の者、キリスト教関連の組織の者もいる。また国のためにと極右組織もレジスタンスを行なう。いよいよ危機が迫ったときには、左右のしきいを越えこれらの組織は一致して行動するようになる。そして解放されるや主導権争いの分裂で混乱する。しかし時代が経ち、すべての運動は救国の英雄のレジスタンス神話としてまとめられやがて不動のものとなる。もちろん謙虚な歴史的検証が多くの矛盾を指摘し、より客観的な把握が進んではいる。しかしいわゆる巷に流布するステレオタイプの中で、ナチスが悪の権化として不動であるように、レジスタンスの英雄神話も不動だ。

戦争に善悪は無い。人類が起こし得る最悪の状況下での、卑小な人間存在が逡巡する姿を丁寧に描いたのがこの『影の軍隊』だ。機関銃によって銃殺される主人公が刑場へと引き立てられていくとき、その一瞬一瞬の内省が映像で示される。気にかかったドイツ兵の女性、愛しているのかもしれない同志の女性、戸惑い憐憫を感じながら殺害した密告者の青年。また自問自答がナレーションで聞こえる。私は死ぬ。まだ怖くない。直前に怖くなるのだろう。死ぬと思わなければば死なない。そうだ！　死んだと意識できない。ということは意識の中では決して人は死なない。なんという発見だ！　と彼は心でつぶやく。映画を貫くストーリーは、ひとつ間違えば死を招く生死をつなぐ糸が張り巡らされているが、理論的思考で乗り越えようとするあたりが、ストーリーの緊迫感と妙な乖離を見せて独特のリズムを生む。この乖離がメルヴィルの味なのだろう。悲劇的でありつつ何か滑稽味さえ漂わせる時宜を得ぬ行動や思考。時に画面のわりにはあまりに大げさな音楽が効果音として取り入れられ、不釣り合いなアマチュア味をみせて、全体の調和を狂わせる。こういった不自然さを通して観客が受け取るのは、監督は人を納得させる整った体裁を求めるよりも、場面ごとに自分がもっともとふさわしいと考える演出を遠慮なく行なうというメッセージだ。こうした演出に現れているメルヴィルの孤高の姿勢もフィルム・ノワール『影の軍隊』の世界を支える重要な要素である。

ここでメルヴィルのデビュー作が思い起こされる。自分の家を撮影現場にして、知り合いに演技をさせてポケットマネーで製作した『海の沈黙』である。レジスタンス戦士ヴェルコールの小説を作者に断りなく勝手に製作に着手した映画だ。思いのままに、撮りたい映画を撮りたいように撮る。その姿勢が後のヌーヴェルヴァーグの世代に影響を与えることになるのだが、『影の軍隊』でもその独特の持ち味は堪能できる。

## 6　省察へと誘う「中間映画」

ドイツ映画の論集にフランス映画をテーマに書く。これを機会に普段フランス側からばかり見ているものを、ドイツ側の視点を意識するとこんなにも異なる見え方をするものなのだと感心することしきりであった。ヒトラーが敗戦を覚悟し、どうせ手放すなら焼き尽くしてしまえとパリの町全体を灰尽に帰す命令を下し、それを回避しようとする者たちの二四時間を描いた『パリは燃えているか』が舞台にかかり、さらに新たに映画化がなされ、日本では今年二〇一五年に『パリよ、永遠に』という題で公開される。一九六六年製作の前作とどのように異なる脚色が施されているのか、大変興味をそそられる。そこにまた仏独の新たな意識の表れを見ることができるのだろう。

そして何よりも私が長年にわたりテーマにしているディオラマを紹介できる機会を改めて得たのは幸いであった。今回はそれをさらに映画との関連において考察する中で、歴史の中にディオラマから映画への発展の道筋をたどる作業の端緒を見つけることができたので有益であった。

特にロマン主義以降、目に見えるということ、そして見えるものが発達し勇躍したせいで、見えないものを想像力で補い信じていく力は失われていったように思われる。それどころか見えない物を信じるのは危険だというのが常識になっている。しかし映像の魔術は、計り知れない計略を持って真実を覆い隠すこともできる。幾多の事件がそれを証明している。あまりに違和感のないスムーズに流れる映像は疑わしい、この認識は重要だ。我々が日頃心地よく受け入れている映像にくさびを打ち込み不安に陥れ、熟慮をうながす映画。多くの前衛映画がその役割をみずから負ったが、これらの高踏的な映画はごく少数の観客にしか受け入れられない。多くの観客の興味をそそりながら、かつ少しの不安や疑問を抱かせ自省を促す映画、最近では「中間映画」という表現で呼ぶ、それほど採算を考慮せずに製作者の意のままに製作ができる中規模の映画の意であるが、その層が厚くなるほど、映画界および観客側の健全な批評意識は保たれるのだろう。今回はそんな中から作品を選んだつもりだが、目的が果たせたのかはなはだ心もとない。

ルノワールは、フランス、イタリア、アメリカ、インドと映画のために世界中をめぐり、最後にはアメリカ市民として最期を迎える。羽根があるかのような軽やかな身振り、囚われなさ。シャブロルは、ある本でやや誇張気味に、役者の視線の動き、カメラの操作、画面の奥行きの出し方を学ぶには四時間で足りるし、そうすれば誰にでも映画は撮れると言った。メルヴィルは、ゴダールの『勝手にしやがれ』に登場し至言を吐く。「〔私の野心は〕不老不死になって死ぬこと」。これらの軽やかな身振りで偏向硬化を避けることで、映像文化の最良のバランスが見出せるのだろうと改めて認識した。

## 本書でとりあげた映画

『大いなる幻影』原題 *La Grande Illusion*　一九三七年　フランス映画
『自由への闘い』原題 *This land is mine*　一九四三年　アメリカ映画
『捕えられた伍長』原題 *Le Caporal épinglé*　一九六二年　フランス映画
『主婦マリーがしたこと』原題 *Une affaire de femmes*　一九八八年　フランス映画
『情婦マノン』原題 *Manon*　一九四八年　フランス映画
『二十四時間の情事』原題 *Hiroshima mon amour*　一九五九年　日本・フランス映画
『ヴィシーの眼』原題 *L'Œil de Vichy*　一九九三年　フランス映画
『影の軍隊』原題 *L'Armée des ombres*　一九六九年　フランス映画
『サムライ』原題 *Le Samouraï*　一九六七年　フランス映画
『海の沈黙』原題 *Le silence de la mer*　一九四七年　フランス映画
『勝手にしやがれ』原題 *À bout de souffle*　一九五九年　フランス映画
『パリは燃えているか』原題 *Paris brûle-t-il?*　一九六六年　フランス・アメリカ映画

## 参考文献

### 文学作品

Camus, Albert: L'étranger. Collection Folio. Gallimard. Paris. 2012.
Szpiner, Francis: Une affaire de femmes. Edition Balland. Paris. 1986.

## 文学作品以外の文献


Chabrol, Claude; Guérif, François: Comment faire un film. Éditions Payot & Rivages. 2004.

Curchod, Olivier: La «Méthode Renoir». Armand Colin. Paris. 2012.

De Baecque, Antoine; Chevallier, Philippe: Dictionnaire de la pensée du cinéma. Presses Universitaires de France. Paris. 2012.

Gernsheim, Helmut and Alison: L.J.M. Daguerre. Dover Publications, Inc. New York. 1968.

Haffner, Ernst:Entre frères de sang. Presse de la cité. 2014.

Nerval, Gérard de: Œuvres complètes I. Bibliothèque de la Pléiade. Gallimard. Paris. 1989.

上野昂志「この土地は私のもの」『ジャン・ルノワール』『ユリイカ』第四〇巻第四号、青土社、二〇〇八年、二〇一頁〜二〇七頁

梅本洋一「シャブロル、もうひとつのヌーヴェル・ヴァーグ」『主婦マリーがしたこと CINEMA SQUARE MAGAZINE』八一号、シネマスクエアとうきゅう、一九九〇年、一八頁

ヴィリリオ、ポール『戦争と映画——知覚の兵站術』石井直志・千葉文夫訳、平凡社、一九九九年

ゲリフ、フランソワ『不完全さの醍醐味——クロード・シャブロルとの対話』大久保清朗訳、清流出版、二〇一一年

シャルル・ボードレール『ボードレール批評』2、阿部良雄訳、ちくま学芸文庫、一九九九年

ネルヴァル、ジェラール・ド『ネルヴァル全集Ⅳ——幻視と綺想』中村真一郎ほか訳、筑摩書房、一九九九年

平稲晶子「丸刈りにされた女たち——第二次世界大戦時の独仏比較」『ヨーロッパ研究』第八号、東京大

学ドイツ、ヨーロッパ研究センター、二〇〇九年、二五～四一頁
ブルネッタ、ジャン・ピエロ『ヨーロッパ視覚文化史』川本英明訳、東洋書林、二〇一〇年
古山敏幸『映画伝説　ジャン＝ピエール・メルヴィル』フィルムアート社、二〇〇九年

## ウェブサイト

ルーブル美術館のカタログ http://www.boutiquesdemusees.fr/fr/boutiques/musee-du-louvre/de-allemagne-de-friedrich-beckmann/4673.html?par=101（最終閲覧日二〇一五年一月五日）
ル・モンド紙の記事 Le monde le 22 avril. 2013. http://www.lemonde.fr/culture/article/2013/04/18/de-l-allemagne-le-grand-malentendu_3162455_3246.html（最終閲覧日二〇一五年一月五日）

# 第7章　映画の中のシュタージ

## 『トンネル』から『東ベルリンから来た女』まで

永畑紗織

### 1　シュタージとは

二〇〇〇年代に入ってからドイツで製作されたドイツ民主共和国（以下、東ドイツ）関連の映画『トンネル』（二〇〇一年）、『グッバイ、レーニン！』（二〇〇三年）、『善き人のためのソナタ』（二〇〇六年）、『東ベルリンから来た女』（二〇一二年）は、それぞれ世界的な注目を浴びた。この四作品には皆、シュタージが登場する。

シュタージとは、東ドイツの国家保安省の通称である。シュタージは、国民を監視し反体制派を弾圧したり、ドイツ連邦共和国（以下、西ドイツ）にスパイを送り込んだりといった活動を行なった。正規職員のほかにたくさんの非公式協力者がおり、双方合わせると東ドイツ国民の一割以上がシュタージ関係者だったと言われる。非公式協力者たちは、国家反逆の疑惑をかけられた友人や知人、家族等の動向を国家保安省に密告していた。シュタージは、一般市民のあいだに多数の協力者を作ることで、市民を相互に疑心暗鬼にして監視社会を作ったのである。子どもの作文や発言からも異端者をみつけようとしたため、人々は自分の子どもの前ですら本音が言えなくなった（『トンネル』や『善き人のためのソナタ』には、子どもからも情報を得ようとするシュタージ職員の姿が登場する）。

東西ドイツの再統一後、シュタージが残した個人情報の記録は本人に限り閲覧可能になったが、この記録のせいで家族や親友がシュタージの協力者だったことを知って、人間不信に陥ったり、家庭が崩壊したり、精神を病んだりする者が現れた。また、東ドイツにはたくさんの非公式協力者がいたことが明らかになってからは、東ドイツ出身の一般市民が「シュタージ」呼ばわりされ、罵られる事態も発生した。

ナチス犯罪を扱った映画や文学作品が大量に存在するのに比して、再統一から二五年しか経過していないため当然と言えば当然だが、シュタージを扱った映画や文学作品の数は多くない。このテーマは、再統一以降も扱いづらいテーマとしてタブー視されてきた感があるが、それは取りも直さず東ドイツにおけるシュタージ関係者の多さのせいだろう。自由と人権を侵害する活動を行なったのが一部の権力者だけであれば、批判するのは簡単だ。だが、シュタージには一般市民の中にも多数の非公式協力者がいたため、一部の権力者のみに全責任を押し付けることはできない。東ドイツ出身のメルケル首相が『善き人のためのソナタ』を観ることに困難を覚えたのもそのためである。西ドイツ出身者にとっては、シュタージについての話を見聞きすることは、まさに「他人の生活〔Das Leben der Anderen：『善き人のためのソナタ』の原題〕」を覗き見ることであるが、東ドイツ出身者にとってシュタージについての話は決して他人事ではない。東ドイツ市民の中には多くのシュタージの被害者がおり、その被害者たちですら、ほんの少し風向きが変われば自分が加害者だった可能性が大いにあるのだ。

ここで、一九六七年に内々に行なわれたポツダム県のシュタージ当局による非公式協力者への調査の結果に言及しておきたい。非公式協力活動の動機を問うこの調査において、六〇パーセントが「社会的必要性の認識」、四九パーセントが「道義上の義務の体験と良心による内的強制」を主要動機として挙げているが、こういったイデオロギー的な動機は、建前だと解するのが妥当だろう。一方で、シュタージ自体が行なった調査にもかかわらず、二三パーセントが主要動機のひとつとして、二二パーセントが副次的動機として、「威嚇と強制」を挙げていることも看過できないが、二七パーセントが「個人的メリット」、四〇パーセントが「生活上有益な目標設定」、一二パーセントが冒険心や秘密の任務を果たすことの魅力といった「自己目的的動機」を挙げていることも注目に値する［Müller-Enbergs, 120f.］。非公式協力者が、この調査にどの程度本音で回答したかは知るべくもないが、この調査結果からは、より豊かに暮らしたいと願ったり、刺激を欲したりする「普通の人」としての非公式協力者の姿が浮かび上がってくる。東ドイツでは、会社であれ学校であれ、組織の上に立つ人間は皆、シュタージの協力者であったが、社会的地位を上げたいと思うのは、人として「普通」の感覚だと言えよう。この調査結果には反映されていないが、非公式協力者の中にはちょっとした世間話でもしているような感覚で密告していた人もいただろうし、正規のシュタージ職員だって仕事だからやっているという人が大多数だっただろう。つまり、「普通の人」でもシュタージのような人権侵害を行ないうるということである。

シュタージと言えば、恐怖で人々を支配する抑圧的な組織というイメージが一般に流布しており、それ自体はけっして誤りとは言えない。ただ、先に挙げた調査結果からは、そのイメージが必ずしも当てはまらないような実態が存在していたことが分かる。そういった点が、シュタージを描いた映画に反映されているのかどうかを探るべく、この章では、『トンネル』、『グッバイ、レーニン！』、『善き人のためのソナタ』、『東ベルリンから来た女』におけるシュタージの描かれ方を確認し、それぞれがどのような意図に基づく描写なのかについて考察する。

## 2　『トンネル』
### ——様々な「被害者」を描いたエンターテインメント

『トンネル』の監督ローラント・ズゾ・リヒターは、ベルリンの壁の建設が始まった一九六一年に生まれた。そのためベルリンの壁に特別な想いを抱いていた彼が、テレビ映画として製作したこの映画は、ドイツ人の一〇人に一人が視聴したと言われる。この映画の登場人物の性格やストーリー展開は、監督や脚本家が何らかの意図を持って作り出したものとは言いきれない。というのは、この映画の筋書きは大部分、実話に基づいているからである。

### ◆あらすじ

この映画の主人公はハリー・メルヒャー。一九五三年の反ソ暴動で実刑を受け、四年間の刑務所暮らしを強いられた経験を持つ彼は、一九六一年に東ドイツの水泳選手権大会で勝利を収めた後、西側への逃亡に成功する。変装し偽造パスポートを使ってチェックポイント・チャーリー（東西ベルリンを行き来する際の検問所）を通過したのである。友人マチス・ヒラーも、下水道を通ってハリーより先に逃亡に成功していた。しかし、一緒に逃亡しようとしていたマチスの妊娠中の妻カロラは、逃亡に失敗して捕えられ、刑務所に入れられていた。ハリーは、妹と妹の夫とその娘も是が非でも西側に連れてきたいと思っているが、偽造パスポートのトリックが通用するのは一家族につき一人までだと知る。地上では西へ逃げる方法がなく、下水道も監視されているため、彼は壁の下を通るトンネルを掘ることを決意する。ハリーの逃亡も助けてくれたヴィットリオ・カスタンツァ（ヴィック）やフレッド・フォン・クラウスニッツ、エンジニアであるマチス、婚約者を西に連れてきたくて仲間に加わった女性フリッツィとともに、彼はトンネルを掘り進めていく。

## ◆シュタージの被害者たち

この映画でシュタージの怖さが表れているのは、まずヴィックにまつわるエピソードである。ヴィックは、イタリア系アメリカ人でアメリカのパスポートを持っており、東西ベルリンを自由に行き来できるため、ハリーの妹ロッテにハリーからの手紙を渡す役目を担っている。ところがある日、役目を終えてチェックポイント・チャーリーを通過しようとした際に、シュタージに捕まってしまう。義足も含め、身に着けているものを全て脱ぐよう命じられるシーンや、打ちひしがれて西ベルリンに帰ってきて「何をされた？」と問うハリーたちに、「何もしない、何もしないんだ！　ただ待つだけ！　俺が狂ってくのを待つだけだ！」（台詞引用はＤＶＤの字幕による）と答えるシーンなどは、観ていて戦慄が走る。彼がなんとか無事に釈放されたのは、アメリカ人だったおかげだろう。

ヴィックが捕まったのは、ヴィックがロッテに手紙を渡していることを密告されたためだ。そして、密告したのが実はマチスの妻カロラなのである。逃亡に失敗して刑務所に入れられたカロラは、「従わなければ子どもを産ませてから取り上げるぞ」と、シュタージへの協力を迫られる。ターゲットは、ロッテ。ハリーとロッテは仲の良い兄妹で、ハリーが逃亡した今、ロッテも逃亡するつもりなのではないかとシュタージは睨んでいるのだ。カロラは、自然な形でロッテに近づいて友人になり、彼女のことをシュタージに報告する。カロラを信頼しきっているロッテは、なんでも彼女に話してしまう。ヴィックの件で誰かに密告されていることに気が付いたメンバーはカロラが怪しいと踏み、ロッテづてにカロラに嘘の情報を流す。やはりカロラが黒と分かりマチスはショックを受ける。盗聴されている可能性を案じてか、ロッテは公園にカロラを連れ出して話をする。カロラは密告していた事実を認め「もう裏切らない」と約束する。だが、そのふたりの様子もまた監視されているのである。

カロラは意に反してシュタージの非公式協力者にさせられたわけだが、この映画にはほかにも非公式協力者が登場する。ロッテの夫テオである。テオは、妻のロッテが西側に脱出したがっているようであることに反発を覚えており、シュタージのクリューガー大佐からハリーのことを問われると、「いなくなって、いい厄介払いができた」と言う。またどうやら義兄のハリーが西側に脱出したせいで、職場で降格されたらしい。境遇が良くなるも悪くなるもシュタージに協力するか否かにかかっているような状況の中で、彼はシュタージに情報提供することを決意する。フレッドの母であるフォン・クラウスニッツ夫人がロッテにメモを渡したことに気づき、それをクリューガー大佐に報告したのである。その結果、シュタージに連行されそうになったフォン・クラウスニッツ夫人は自殺。自宅に戻ったテオは、ロッテと娘がいなくなってしまったことを知る。ふたりがいなくなった時の取り乱し方からしてもテオがロッテと娘を愛していることは確かで、ふたりが西へと逃亡するのを妨げたかったがゆえの行動ではあるが、妻を愛する夫ですら妻の密告者になり得るという例である。

テオの密告が原因で自殺したフォン・クラウスニッツ夫人は、貴族出身であるがために人民の敵よばわりされていた人物である。死亡した際、実際には自殺だったにもかかわらず、ラジオのニュースでは病気だったと報道された。事実が捻じ曲げられて国民に伝えられていたのである。

フリッツィの恋人ハイナーが壁を越えようと有刺鉄線を飛び越えて、国境警備兵に撃たれるシーンも、東ドイツの体制の怖さを物語っている。ベルリンの壁を越えて西側へ逃げようとする者には躊躇せず銃撃を加えることという規定により、壁を乗り越えようとして発砲などで命を落とした人は一二〇〇人を超えると言われるが、ハイナーもこの規定の犠牲者なのである。「こうしなけりゃフリッツィに会えないんだ」と言って死んでいくハイナーと、壁越しに彼に語りかける以外に為す術のないフリッツィの姿とともに、注目すべきは国境警備兵の挙動である。彼自身、本当は撃ちたくないと思っていることが表情からありありと読み取れ、撃った後は実にやるせなさそうである。『善き人のためのソナタ』でシュタージの大尉ヴィースラー役を演じたウルリヒ・ミューエは東ドイツの出身で、国境警備をした経験があり、彼が国境警備兵だった時代と『トンネル』で描かれている時代とでは一〇年ほどの開きがあるものの、国境警備についての彼の体験談は非常に参考になる。彼は、自分が警備をしている時に国境を越えようとする者がいたら、その人に当たらないように撃とうと決めていたそうだが、もし実際にそうしたら、刑務所に入れられて大学進学等あらゆる教育の機会を失うことになると聞かされていたそうだ。「本当にこの国を出たいと思っている人は、厳重に監視されているベルリンの壁を選んだりしない。つまり、ベルリンの壁を越えようとするのは、酔っ払いか死にたいと思っているやつだ。そういうやつらのために自分の生活や将来を犠牲にするな」と将校たちから言い聞かされ、そうやって自分たちは洗脳されていった、と彼は語っている〔von Donnersmarck, 192-193〕。『トンネル』の国境警備兵も、人を殺したくて殺しているのではない。彼もまた東ドイツ体制の被害者とも言えるかもしれない。

『トンネル』の主人公ハリーは、四年間の刑務所暮らしの際に、シュタージから散々ひどいめに遭わされている。この時のことを回想するシーンは映画の中にはないが、フリッツィの母の前でフリッツィの恋人ハイナーのふりをするシーンで、「もし捕まったらどうなるの？」と問われてハリーが語りだす話は、彼の実体験が多く盛り込まれていることを想像させるものである。「逮捕され殴られます、顔や腕を。さんざん殴られて、地獄のような痛み。国家保安省に連行され独房へ。暖房も毛布もない。明かりだけは二四時間。四時間ごとに尋問。「西側と接触したのか？吐くんだ」。そして——また殴る。前よりももっとひどく。鼻も腕も折れるほどだ。頭が痛む。だが序の口だ。最悪なのはそこで肺炎にかかること。それから、やっと眠れるようになる」。ハリーは「全部想像」だと付け加えるが、「全部想像」であるはずはないと思わせる、緊張が走る場面である。

この映画には、右に挙げた登場人物たち以外にもシュタージの被害者が描かれている。例えば、ロッテたち親子と同居しているおばさんである。彼女は映画の中にほとんど登場せず、台詞もほとんどない。ただ、そのわずかな台詞のうちのひとつが、注目に値する。ロッテと娘が西側へと脱出するために家を出る時、彼女は昼寝をしており、家に帰ってきたテオが「〔ふたりは〕出て行ったの？」と問うと、彼女は「何も知らない。知りたくもないわ」と答えるのだ。同居していた家族がいなくなったことにすら我関せずという態度をとる彼女は、東ドイツで暮らしていた人々の多くを代表している。被害者にも加害者にもならずに普通の生活を送るためには、無関心であらざるを得ないのだ。無関心であることを強いられているという意味で、彼女もまたシュタージの被害者だと言えるだろう。

このように『トンネル』は、様々な形でのシュタージからの圧力を描いている。人々は、盗聴器の存在を意識して自分たちの声が入ったテープを流して家にいるよう見せかけたり、言葉を発さずメモを使ってメッセージを伝えたりして、監視の目をかいくぐろうと努力する。この映画では東ベルリンからの脱出に成功する人々が描かれているが、この映画の舞台は一九六〇年代初頭であり、シュタージが失敗をもとにもっと密な監視の網を張り巡らした後の時代には、東からの脱出はもっと困難だったことだろう。

ただし、この映画からシュタージの実態が分かると考えるのも多少ナイーブな見方で、「シュタージは恐い」という西側の人間からの視点を固めようとする映画だという点にも注意する必要がある。『トンネル』は、ベルリンの壁とシュタージにまつわる歴史的事実を盛り込みつつ、巧みにエンターテインメント作品として仕上げられた映画なのである。

## 3 『グッバイ、レーニン！』
## ――エンターテインメント化する東ドイツ

オスタルジー（東ドイツへの郷愁）をテーマとして国際的にヒットした『グッバイ、レーニン！』にも、わずかながらシュタージが登場する場面がある。

### ◆あらすじ

東ベルリンに住む主人公アレックスが幼かった頃、医者だった彼の父親が西ベルリンで開かれた学会に行ったきり帰ってこないという事件が起こった。その際、亡命する気だと知っていたの

ではないかとアレックスの母クリスティアーネを尋問するのがシュタージである。クリスティアーネは、ショックで誰とも口を利かなくなったが、その後、以前のように話せるようになり、その時から「社会主義の祖国と結婚した」。彼女は社会主義教育に情熱を傾けるようになり、人々の不満を党に伝えるという活動をするようになった。人々の不満といっても、マタニティウエアが派手すぎるとか、セーターのサイズがおかしいとかいった些末な事柄なのだが、彼女はこういった活動を通して、東ドイツの社会主義の発展に尽くしたとして、表彰されるまでになる。一〇年後、東ドイツの建国四〇周年記念日の晩、アレックスが反体制デモに参加し警官ともみあっているのを目撃した母クリスティアーネは、心臓発作で倒れ、意識不明となる。八カ月後に彼女の意識が戻った時には、すでにベルリンの壁も東ドイツの社会主義体制も崩壊していた。「もう一度大きなショックを受ければ命の保証はない」と医師から告げられたアレックスは、母にショックを与えないため母を自宅に引き取り、以前と変わりない社会主義体制が持続して

いるようみせかけ続ける。

## ◆時代考証など気にしない大ヒットコメディ

この映画にシュタージが登場するのはごくわずかな時間だけだが、この一家の運命を決めたのはシュタージに対する恐怖心である。アレックスとその姉は、父は西に女を作って出て行ったのだと信じていたが、森の小屋へと東ドイツの小型乗用車トラバントでドライブした時に、母からそれは嘘だと聞かされる。森の小屋に行った時に真実を話し始めたのは、自宅では盗聴されている可能性があるがここなら大丈夫だと思ったからかもしれない。母の話はこうである。「私はウソをついてたの。本当は違うのよ。パパは女性のために西側へ渡ったんじゃない。それはウソよ。手紙が来なかったのもウソだった。パパは手紙をくれたわ。手紙は戸棚の後ろに。パパは党に入らず職場でひどい仕打ちを受けてた。一人で耐えてたけど私は知ってたわ。知っていながらどうにもできなかった。ある時、西ベルリンで大会があった。考える時間は二日間だけ。パパは先に亡命して私も行くことにした。でも出来なかった。あまりに恐ろしすぎて。知ってる？　子供を二人も抱えてビザなど申請したら大変。何年待つか。子供を取り上げられる危険だってあるわ。私はあきらめた。人生で最大の過ちよ。今になって分かった」。つまり、この家族はシュタージによって引き裂かれ、クリスティアーネは夫が去った後、シュタージから子どもたちと我が身を守るために、社会主義の祖国に忠誠を尽くすようになったのである。

だが、この設定には信憑性を欠く部分がある。まず、夫が手紙をくれていたという点である。シュタージは手紙の検閲を行なっていたので、西側へと逃亡した夫からの手紙が何のお咎めもなく無事に着くことはあり得ない。そして、これほどまでに計画性のない脱出を試みた家族が一九七〇年代末期の東ドイツにいただろうか、という点である。父親が不法な手段、つまり西側への旅行許可を得て国外に出てそのまま帰らないという手段で移住した後、残された家族はいったいどうやって移住するつもりだったのか。移住申請をして合法的に国外へ移住しようとすれば何年もかかるにもかかわらず、残りの家族はそうするつもりだったのだとすれば、父親も合法的な手段をとれば良かったのではないか。それとも、このように考えるのは東ドイツからの亡命についてある程度まとまった情報を入手できる今だからこそであって、当時の東ドイツ国民は様々な情報を持っていなかったのだから、このような手段での脱出を計画したとしても不思議はないのか。その割に、クリスティアーネは、移住申請したら何年もかかることをちゃんと把握している。亡命者の親族には移住許可が下りないことくらい知っていそうなものである。この映画はコメディーとして作られたので、観客が東ドイツを懐かしんだり映画を楽しんだりできれば良いのであって、時代考証など重要ではないのだろうか。いずれにせよ、ドイツ国内で六五〇万人の観客を動員したこの映画は、東ドイツをテーマとした映画が受け入れられやすくなる素地を作ったというだけでも大きな意味を持っている。

## 4　『善き人のためのソナタ』——批判も多いヒューマン・ドラマ

シュタージというテーマを前面に押し出して制作された『善き人のためのソナタ』は、一九八四年の東ベルリンを主な舞台としている。一九八四年といえば、イギリスの作家ジョージ・オーウェルの全体主義的ディストピアの世界を描いた小説『一九八四年』（一九四九年）の舞台でもある。

### ◆あらすじ

シュタージの大尉ヴィースラーは、劇作家のドライマンと女優のクリスタ＝マリア・ジーラントというカップルを監視することになるが、ふたりの生活を監視するうちに、彼の内面に変化が生じていく。きっかけは、「善き人のためのソナタ」を聴いたこと。元舞台監督のイェルスカは、ドライマンの四〇歳の誕生日にこの曲の楽譜を贈った後に自殺する。彼は、体制批判をしたせいで七年ものあいだ職業禁止を課されていた。そんなイェルスカを悼《いた》みながらドライマンが奏でるピアノが、盗聴中のヴィースラーの心を動かすのである。演奏後、ドライマンはジーラントに語る。「レーニンはベートーヴェンの「熱情ソナタ」を批判した。「これを聴くと革命が達成できない」この曲を聴いた者は、本気で聴いた者は、悪人になれない」と。それまでは党の方針に忠実だったヴィースラーは、ドライマンとジーラントを守るために、嘘の報告書を書くようになる。

社会主義の理想を実現するためではなく私的な欲望のためにドライマンの監視を命じた文化大臣ヘンプフに対する反発も、彼の心情の変化の契機となった。ヘンプフはドライマンの恋人ジーラントを自分のものにするために、ドライマンを排除したいと思っていたのである。ジーラントは、党の幹部に反抗したら女優生命が断たれるとの思いからヘンプフに身を委ねるが、盗聴によって事情を知るヴィーラントがファンを装ってジーラントにかけた言葉に後

押しされて、ヘンプフを拒絶するようになる。拒絶されたヘンプフは、彼女の薬物依存につけこんで彼女を逮捕させる。逮捕された彼女は、自分の身を守るためにシュタージに協力することを申し出る。体制批判の記事を西側の雑誌『シュピーゲル』に匿名で投稿したのは誰なのかを突き止めようとしていたシュタージに、ドライマンが犯人であることを明かしたのである。

## ◆「善人」としてのシュタージ職員

この映画において特徴的なのは、まず芸術というテーマが盛り込まれている点である。ヘンプフに会いに行くのを止められたジーラントは、ドライマンに次のように言う。「あなたは？　体制を利用するだけなの？　あなたは連中と寝てるも同じよ。どんなに才能があっても彼らは簡単に握りつぶすわ。演目も役者も演出家も勝手に決められるのよ。イェルスカみたいな末路はイヤでしょ？　だから行くの」。東ドイツでは、党の方針に合う作品を作る芸術家は優遇され、党の方針に合わない作品を作る芸術家は迫害された。ドライマンは、党の方針に忠実な劇作家であり、ジーラントはそんなドライマンを批判している。彼女から受けた批判とイェルスカの自殺がきっかけとなって、ドライマンは体制批判の記事を書くこととなる。この映画は、シュタージの中でも文化・文学生活の監視を担当したXX／7に焦点を当てているのである。

また、この映画の中では監視される対象が恣意的に決められてしまうという点も、この章で扱う他の映画にはない特徴であると言えるだろう。他の映画では、逃亡した者の身内や出国申請をした者等がシュタージに苦しめられたのに対して、この映画では「反政府的でない作家」とされるドライマンが監視されることになる。本人や身内が国に対する反逆行為を行なったわけではないにもかかわらず、監視されてしまうのである。

『トンネル』や『グッバイ・レーニン！』では、シュタージは悪役を一手に引き受けているという印象だったのに対し、この映画ではシュタージのヴィースラーが善人として描かれている点も重要である。邦題にもなっている、この映画の中で大きな役割を担う曲のタイトルが「善き人のためのソナタ」であることからも分かるように、「善人」は、この映画のキーワードである。ジーラントから「私は最愛の男を傷つけてると思う？　芸術のために身を売ってると？」と問われて「芸術家がそんな取引をしてはいけません」と答えたヴィースラーが、「あなたは良い人ね」と言われるシーンが、善人としてのヴィースラーを決定づけている。この映画の中でヴィースラーは、東ドイツを代表する劇作家ベルトルト・ブレヒトに興味を抱くようになるが、ブレヒトに『セツアンの善人』（一九三九年）という作品があることからも、善人と社会の関係がこの映画のテーマであり、それを強調するためにも、ブレヒトの本が映画中に登場するのだということが理解できよう。

### ◆「弱い人間」としてのシュタージ協力者

この映画は、高い評価を受け、アカデミー賞外国語映画賞をはじめ多くの賞を受賞した一方で、シュタージにまつわる事柄を適切に描いているかどうかについては評価が分かれている。例えば、映画ではドライマンたちをかばっていたことがばれても、ヴィースラーは手紙の検閲にまわされる程度だが、実際はもっと厳しい措置がとられたはずだという指摘や、ヴィースラーの活動は、養成員、尋問官、盗聴係等と多岐に渡っているが、実際はもっと分業体制が敷かれていたという指摘、シュタージという組織の内部は厳格にコントロールされていたため、ヴィースラーのような行動をとることは不可能だったという指摘がある。

また、シュタージの非公式協力者となったジーラントの描かれ方にも批判がある。ふたりの男たち、つまり自分の地位を危険にさらしてまでドライマンとジーラントを守ろうとしたヴィースラーと体制批判の記事を書いたドライマンに比して、ジーラントはあまりにも弱い存在として描かれている。大臣にあっさりと身を委ね、薬物に依存し、シュタージに捕まると「二人で楽しまない？」と男を誘惑し、恋人の秘密を簡単に漏らし、自分のしたことを後悔するとすぐに死を選ぶのである。そのため、この映画は女性蔑視の映画だという意見がある［Schmidt］。ジーラントを演じた女優マルティィーナ・ゲベックは、事前の話し合いで、監督のドナースマルクにこの問題について警告をしたが、彼はそれを頑固に無視したという。

ヴィースラーが尋問官となってタイプライターの隠し場所を聞き出そうとする場面では、口を割らないだろうと信じている様子だったヴィースラーが、ジーラントが正確な隠し場所を漏らしたことに思わず顔を強張らせるほどで、ジーラントの葛藤はあまり描きこまれていない。あの手この手を使って情報を探り出す極悪非道な組織シュタージと、必死に恋人を守り抜こうとするがシュタージの圧力に負けてしまう一般市民という対比が描かれていたとしたら、東ドイツ出身の観客の一部にとって、いくらか観やすい映画となっただろうが、ドナースマルクは、そのような描き方を選ばなかった。シュタージに協力した一般市民を弱い人間として描いたのである。『グッバイ・レーニン！』が六五〇万人の観客を動員したのに対して、『善き人のためのソナタ』が二三〇万人しか動員できなかった理由として、『グッバイ・レーニン！』が東ドイツ出身者でもあまり苦痛を伴わずに観ることができるものであったのに対し、『善き人のためのソナタ』はそうではなかったことが挙げられるように、この映画は観客にとって決して楽に観られる映画ではないのである。

ちなみに、ヴィースラー役のウルリヒ・ミューエは、東ドイツ時代はシュタージの監視下に置かれていた。シュタージに情報を与えていたのは、当時の妻イェニー・グレルマンである。二〇〇六年、ミューエが『善き人のためのソナタ』の関連本に収録されたインタビューで、彼女がシュタージの非公式協力者だったと告白すると、彼女は、知らぬ間に情報源にされていただけで自覚的にシュタージに協力したことはないと反論し、本の出版差し止めを裁判所に申し立てた。裁判所は、この申し立てを認めて本の出版を差し止め、彼女を非公式協力者呼ばわりすることを禁じた。この直後にグレルマンは病死し、その一年後にミューエも亡くなっている。このことは、自覚的であろうとなかろうと身近な人がシュタージの協力者となってしまった実例であり、シュタージの被害者と加害者の苦しみは決して過去のことではないことを示すエピソードである。

### ◆個人の良心への信頼

『善き人のためのソナタ』は、東ドイツというテーマをコミカルにではなくシリアスに描く映画が登場したとして評価された。ドナースマルク監督は、おそらく、個人の力で社会は変えられるという思想に基づいて、この映画を制作したのだろう。ドライマンやヴィースラーの行動が直接的に社会変革をもたらしたという描き方はされていないが、こういった各個人の行動が積み重なって変革へと至ったのだと伝えようとしているのは明らかである。ヴィースラーが虚偽の報告をしていたことがばれて今後は手紙の検閲を担当するよう宣告された日の新聞の一面には、ミハイル・ゴルバチョフがソ連共産党の書記長に選出されたと書かれている。彼は書記長就任から五年で、それまで四〇年間続いてきた冷戦を終結させることとなる。ドライマンやヴィースラーの行動は、冷戦終結へと向かっていく、個人レベルでの動きのひとつとして位置づけられている。ブレヒトの『セツアンの善人』が、悪しき世界の中で善き人であることは不可能だと伝えるものであるのに対して、『善き人のためのソナタ』は、個人の良心を信じる気持ちに基づいて制作されているのである。

## 5　『東ベルリンから来た女』
### ——豊かな人生とはどのようなものかを問うドラマ

『東ベルリンから来た女』の監督クリスティアン・ペツォールトは、両親が東ドイツから西ドイツへ移住した翌年の一九六〇年に生まれた。父親はザクセン、母親はズデーテン地方の出身だった。

この映画制作のきっかけとなったのは、オーストリアの作家ヘルマン・ブロッホの『バルバラ』（一九三六年）である。一九二〇年代末を舞台としたこの中編小説の主人公は、共産主義者でレジスタンス運動の闘士。病院で働いている彼女は、ある医師に恋をするが、相手の無理解に苦しむ。ペツォールト監督は、この作品に出会った数年後に知り合った医師から、出国申請をした東ドイツの医師は、男性であれば教育的措置を施された後に軍医にされ、女性であれば田舎の病院に左遷されたという話を聞いて、『バルバラ』のことを思い出す。こうして生まれたのが『東ベルリンから来た女』（原題『バルバラ』）である。

### ◆あらすじ

この映画の舞台は、一九八〇年夏の東ドイツ。東ベルリンの大病院に勤める女医バルバラは、西への出国申請をしたために拘留され、その後、バルト海沿岸の地方の病院に左遷される。彼女が働くこととなった小児外科に勤める医師アンドレ・ライザーは、シュタージ将校のクラウス・シュッツから、彼女を監視するよう指示されている。彼女は猜疑心に満ちた様子で、同僚たちとも距離を置こうとする。一方、西側に住む彼女の恋人のヨルクは、秘密裏に彼女の西側への逃亡の準備を進めている。ヨルクが待つデンマークまで海を渡るという手段での逃亡である。彼女の勤務初日、アンドレが彼女を家まで車で送ろうとした時に、彼女は彼が自分を監視していることに気付く。尋ねもしなかったのに、彼女の住所を知っていたからである。

バルト海沿岸とは遠く隔たったトルガウにある青少年隔離作業所から脱走してきたステラという少女が病院に連れてこられ、髄膜炎と診断される。彼女はバルバラにだけ心を開き、バルバラは彼女を献身的に治療・看護する。ステラは妊娠しており、出産して子どもを連れて西に逃げたいと思っているが、強制的に退院させられ、作業所に連れ戻される。バルバラは、ほんの数時間行方不明だっただけでも家宅捜索とボディチェックをされるという状況にあるが、監視の目をかいくぐって、逃亡資金を受け取りに行ったり、ヨルクに会いに行ったりする。一方で、田舎の医者だと思って初めは馬鹿にしていたアンドレが優れた医師であることに気づき、徐々に信頼を寄せ始める。彼は、自分が地方の病院にいる理由を彼女に話す。取扱説明書が英語で書かれた機器の接続を助手に任せたために、取り返しのつかない医療ミスを犯してしまい、研究の道は断たれ、守秘義務と密告の義務が課されたのだという。ただ、それが事実なのかどうかは不明瞭なままである。

その後、自殺未遂で三階から転落した少年マリオが運び込まれる。アンドレは、バルバラに合わせて自分も自転車通勤にし、彼女をサイクリングに誘うなど、彼女にはっきりと好意を示し始めるが、彼女は彼の誘いをすげなく断る。マリオを見舞いに来た

彼のガールフレンドの発言から、バルバラは彼には開頭手術が必要であると判断し、この急ぎの要件を伝えるためにアンドレを探しに行き、彼がいるという家でばったりシュッツに出会う。バルバラを監視しているシュタージ将校のシュッツである。アンドレはシュッツの家で、シュッツの妻で末期癌のフリーデルにモルヒネを投与し痛みを鎮めてやっていた。モルヒネを勝手に持ち出すことは違法である。アンドレとフリーデルは親戚でも長い知り合いでもないと知り、バルバラは、患者であれば誰でも助けるというアンドレの姿勢に心を動かされる。マリオの開頭手術をすることが決まるが、その手術の日は、バルバラの国外脱出の日である。麻酔医として立ち会うはずだったバルバラは、病院に姿を見せない。脱出することを決意したバルバラの家に、再び作業所を脱走してきたステラが現れる。バルバラは、ステラの傷の手当てをした後、彼女を連れて海へと向かい、迎えに来た逃亡援助者に彼女を託す。

### ◆「普通」の人としてのシュタージ

この映画の中にはシュタージの姿が頻繁に現れるわけではないが、アンドレは非公式協力者であることを強いられているし、バルバラは監視の目を常に意識している。この映画のシュタージの描き方として最も特徴的なのは、シュタージが「普通」の人として描かれている点である。ここで言う「普通」とは、「悪人」あるいは「善人」としての側面を強調されていないという意味である。『トンネル』や『グッバイ・レーニン！』のシュタージは悪役、『善き人のためのソナタ』のヴィースラーは善人として描かれていたのに対し、この映画に登場するシュタージ将校シュッツは、単に自分の職務だから家宅捜索等を行なっているという印象である。『トンネル』のクリューガーや『善き人のためのソナタ』のヴィースラーのように仕事熱心な様子は見られない。シュッツが「普通」の人だという印象が際立つのはもちろん、病気の妻が出てくるシーンである。そうとは知らずにシュッツの家を訪れたバルバラは、彼の存在に気が付くと、ただ彼を凝視するだけで驚きを言葉にはしない。シュッツの方は、彼女が来ることは想定内だったのか驚いた様子も見せず、「何かご用かな」と尋ね、アンドレの居場所を静かに伝える。その姿には、妻の死期が近いことを覚悟した夫の諦念のようなものが滲み出ている。

## ◆東ドイツの「普通」の日常

「普通」の人として描かれているのは、バルバラも同じである。彼女は、社会を良くしようと立ち上がる闘士ではなく、西側に恋人がいるために出国を申請する女性であり、仕事には真摯に取り組むが、彼女の行動や決断には「普通」の枠を超え出るようなところはない。

この映画においては、東ドイツという国もまた、美化されているわけでもなく、糾弾されているわけでもないように感じられる。ステラらに対する態度を見れば本来はそうではないことが分かるバルバラの冷たさ、他人に対する拒絶的で疑心暗鬼な態度から、観客は、バルバラの心がいかに疲弊しているかを見て取ることができるし、そのこととシュタージが無関係ではないだろうと想像することができる。そして、全裸で体を隈なくチェックされるシーン等を見れば、シュタージがやってきたことは決して許されない人権侵害であることが痛切に感じられる。だが、だからと言って、この映画は東ドイツ批判を目的とした映画とはいえないのではないか。そう感じさせるのは、アンドレの描かれ方である。東ベルリン出身の俳優ロナルト・ツェアフェルトが演じるアンドレは、彼の話が本当だとすれば、犯した医療ミスのことをもみ消してもらった代わりに、シュタージへの協力を強いられ、限定された自由の中で暮らしている。だが、彼の生き方には、諦めや自暴自棄といった言葉は似合わない。彼は限定された範囲の中で、人として豊かに生きようとしている。その姿を見ていると、豊かに生きることと東か西かはさほど関係がないという印象を持つし、それこそがペツォールト監督の伝えようとしていることだろう。

監督は、あるインタビューの中で、「茄子論争」について語っている。アンドレが診察のお礼に茄子をもらい、ラタトゥイユを作るシーンを見た東ドイツ出身者たちが、東ドイツには茄子などなかったと主張したというのである。監督は、東ドイツに茄子があったことは調査済みだとした上で、東ドイツ国内でも皆が皆同じものを食べていたわけではないし、皆が皆同じ経験をしたわけではないということをはっきりさせなければならないと述べている。東の出身であれば皆こう、西の出身であれば皆こうというのではなく、どこの国であれ、不満たらたらの人生もあれば充実感のある人生もある。もちろん同じひとりの人間にも、不平不満だらけの日もあれば、幸福感に満ちた日もある。今ここでどう生きるか、あるいは今いる場所から逃避するか。東ドイツ市民に限らない、あらゆる人にとっての問いがテーマになっている点に、この映画の魅力がある。アンドレやバルバラの持つ自由が非常に限定的なものであるとは言っても、資本主義社会に生きる私たちの持つ自由も限定的なものである。意に反してシュタージに協力せねばならないと言っても、資本主義社会に生きる私たちも、意に反して会社の利潤のために搾取まがいのことをせねばならないこともある。私たちが、自分たちのやっていることが搾取まがいのことだと意識しないのと同様に、シュタージの関係者の多くも、東ドイツが存在した当時は、自分たちのやっていることが悪だと意識することは、あまりなかったのではないだろうか。東ドイツ市民の一割以上がシュタージ関係者だったと言っても、そこにあったのは普通の日常だったのだということをこの映画は感じさせる。

バルバラは、最終的に東に残ることを選ぶが、それは、単に医師としての責任感からだけではなく、単にアンドレを選んだわけでもなく、もっと複合的な理由によるものであっただろう。

「〔西に行けば〕僕の稼ぎで十分だ。君は働かなくていい」というヨルクの言葉や、ヨルクの仕事仲間ゲーアハルトの恋人シュテフィが西の物質的豊かさに憧れる姿も、バルバラになんらかの考えを抱かせるきっかけになったのかもしれない。東ドイツという監視社会の張りつめた空気を伝えると同時に、東ドイツにも当然存在した温かさを伝え、自分の人生にとって大事なことは何なのか、それはどこにあるのかを観客に考えさせる映画である。

## 6　歴史的事実に向き合うために

### ◆東ドイツ市民の実感や実態とのギャップ

シュタージという扱いづらいテーマに果敢に挑んだ上記の四つの映画は、監督・脚本ともに皆西ドイツの出身者で占められている。このことが意味することは何か。まず、他人事だから映画化できたということである。そして、東ドイツ出身者と西ドイツ出身者の社会的・文化的格差がまだ埋められていないということである。世界各国で観客を動員できるような映画を作るには、たくさんの資金と技術と素養と人脈が必要であり、それらを持ち、かつ商用映画にすることができるまでにシュタージの問題から距離をとることができる東ドイツ出身者は、壁の崩壊から二五年が経過する今日でもまだ存在しないのである。

西側の視点から撮られたものばかりであるため、これらの映画からは、現実に東ドイツの市民がシュタージについてどう感じていたかは、あまり見えてこない。おそらく平均的な東ドイツ市民の多くは、シュタージは自分の生活とは直接には関係のないものだと感じていたのではないか。例えば、東ドイツ出身でNHK「テレビでドイツ語」の出演者等として知られるフランク・リースナーは、シュタージについてこう書いている。「シュタージを忌み嫌われた秘密警察と呼んで差支えないが、東ドイツ時代には、シュタージの活動内容について具体的にはほとんど知られていなかった。私が理解していたのはただ、言動には気をつけなければならないことと、彼らがその気になれば自分の人生は狂わされてしまうだろうということだけだった。シュタージの拷問や拘留施設について詳細を耳にしたのは、壁が崩壊してからだ。基本的に、彼らの存在は私にとって何の問題にもならなかった。どこかにいたのだろうが、自分には直接関係がなかったのだ」［リースナー、四九頁］。

旧西側諸国に属する我々は、東ドイツの国民皆がシュタージの被害者であったと思いがちだが、東ドイツ市民の多くは、自分とは無関係だと感じていたのである。だが実際には、言動に気をつけなければならない時点で「シュタージの存在は自分とは関係がない」とは言えないのではないか。「自分には関係ない」という言葉の背後には、東ドイツも悪くなかったと思いたい気持ちが潜んでいるのだろう。とはいえ、それもまた西側の人間が事後的に獲得した視点から言えることなのかもしれない。東側の人間が「シュタージの拷問や拘留施設について詳細を耳にしたのは、壁が崩壊してから」だったのだ。

この章で扱ってきた映画にせよ、現実に東ドイツで暮らしていた市民のシュタージへの感情が描かれているというより、西側の人間から見たシュタージのイメージが描かれているという点には留意する必要があるだろう。さらに、映画を撮る際には商業的な理由もあってドラマチックな展開にせざるをえない。つまり「シュタージ＝悪」という図式を強調しないとそもそも話が盛り上がらないため、これまでのシュタージ映画では、「普通の人」としてのシュタージやその関係者の姿や、シュタージの存在をそれほど意識することなく暮らしていた人々の姿は、十分には描かれてこなかったと言わざるを得ない。それでも、シュタージが存在する「日常」と折り合いをつけながら「普通」に暮らしていた東ドイツ市民の実態を描こうとする兆しがみられる例として、『東ベルリンから来た女』を挙げることができるだろう。

### ◆シュタージ映画の今後

冒頭で、シュタージを扱った映画は多くないと述べたが、ナチス映画ほど世の中に溢れることはないにせよ、今後は増える可能性もある。今は、東ドイツを直接肌で知る人々への配慮から、このテーマを軽々しく扱うことは敬遠されるが、東ドイツという国が過去のものとなり、東ドイツを昔存在した国としてしか知らない世代が増えるにつれ、シュタージをテーマとしたエンターテインメント作品を作ることは容易になるはずだからである。歴史的出来事を客観視できるようになるためには、いくらか時間を置く必要があるからという言い方もできるだろうが、いずれにせよ、東ドイツで起こったことが他人事になればなるほど、エンターテインメント化しやすくなるということである。同じような過ちを繰り返さないため、シュタージが犯した罪が完全に忘れ去られることがないよう、シュタージが登場する映画が製作されることは歓迎されるべきことではあるが、西側の視点での正義を振りかざして、東ドイツは——今自分たちが暮らしている世界とは違って——おかしな国だったと一方的に断罪するような他者批判の映画や観客の野次馬根性を煽るような映画、観客がもともと持っていた価値観に何の揺らぎも与えない単純な勧善懲悪のストーリーばかりが増殖していくとしたら、残念なことだと言わざるを得ない。観客が自分の住む世界を省みたり、東ドイツで起こったことを他人事ではなくより身近な問題と重ねあわせて捉えたりするきっかけとなるような映画が生まれることを願うばかりである。

## 本章でとりあげた映画

『トンネル』原題 *Der Tunnel*　二〇〇一年　ドイツ映画
『グッバイ、レーニン！』原題 *Good Bye, Lenin!*　二〇〇三年　ドイツ映画
『善き人のためのソナタ』原題 *Das Leben der Anderen*　二〇〇六年　ドイツ映画
『東ベルリンから来た女』原題 *Barbara*　二〇一二年　ドイツ映画

## 参考文献

### 文学作品

Brecht, Bertolt: Der gute Mensch von Sezuan: Parabelstück. Frankfurt am Main 1964.
Broch, Hermann: Barbara. Frankfurt am Main 1996.

### 文学作品以外の文献

Behrens, Roman: „Die Sonate vom guten Menschen“. Darstellung der Stasi im Film „Das Leben der Anderen“. München 2009.
Breinersdorfer, Fred; Schön, Dorothee (Hrsg.): Barbara. Ein Drehbuch von Christian Petzold. Berlin 2012.
Engelmann, Roger: Das MfS-Lexikon: Begriffe, Personen und Strukturen der Staatssicherheit der DDR. Berlin 2011.
Gieseke, Jens: Die Stasi: 1945 – 1990. München 2011.

Huber, Franziska: Verhör- und Abhörtechniken der Stasi aufgezeigt an Florian Henckel von Donnersmarcks Film „Das Leben der Anderen". München 2010.

Huberth, Franz: Aufklärung zwischen den Zeilen. Stasi als Thema in der Literatur. Köln 2003.

Knabe, Hubertus: Die Täter sind unter uns: Über das Schönreden der SED-Diktatur. Berlin 2008.

Müller-Enbergs, Helmut: Warum wird einer IM? Zur Motivation bei der inoffiziellen Zusammenarbeit mit dem Staatssicherheitsdienst. In: Klaus Behnke, Jürgen Fuchs (Hg.): Zersetzung der Seele. Psychologie und Psychiatrie im Dienste des MfS, S.102-129. Hamburg 1995.

Schmidt, Gary: Between Authors and Agents: Gender and Affirmative Culture in Das Leben der Anderen. In: The German Quarterly, Volume 82, Issue 2, pages 231–249, Spring 2009.

Töteberg, Michael (Hrsg.): GOOD BYE LENIN. Ein Film von Wolfgang Becker. Drehbuch von Bernd Lichtenberg. Co-Autor Wolfgang Becker. Berlin 2003.

von Donnersmarck, Florian Henckel: Das Leben der anderen. Filmbuch. Mit Beiträgen von Sebastian Koch, Ulrich Mühe und Manfred Wilke. Frankfurt am Main 2007.

リースナー、フランク『私は東ドイツに生まれた――壁の向こうの日常生活』清野智昭監修、生田幸子訳、東洋書店、二〇一二年

## ウェブサイト

ZEIT ONLINE（ペツォールト監督インタビュー）http://www.zeit.de/2013/06/Christian-Petzold-Filme-DDR-

Osten（最終閲覧日二〇一四年九月二〇日）
『善き人のためのソナタ』日本語版公式サイト http://www.albatros-film.com/movie/yokihito/index.html（最終閲覧日二〇一四年九月二〇日）

# 第8章　ファシズムをいかに描くか

## 映画『ザ・ウェイヴ』をめぐる一考察

勝山　紘子

### 1　『ザ・ウェイヴ』

朝のさわやかな日差しのなか、ラモーンズの「ロックンロール・ハイスクール」をガンガン鳴らし、曲に乗って歌いながら車を運転する黒い革ジャンの男。窓の外には、それぞれに朝の時間を過ごす街の人びとの姿が過ぎていく。いつも通りの朝。いつも通りの街。――二〇〇八年に公開されるや二四〇万人を動員し、同年のドイツ国内映画の興行成績第一位を記録した、映画『ザ・ウェイヴ〔Die Welle〕』の冒頭のシーンである。

『ザ・ウェイヴ』は、一九六九年にアメリカで起こった実際の出来事をもとに作成された、ドイツの映画である。その出来事は、ロン・ジョーンズという一人の若い歴史教師の、「第三の波〔The Third Wave〕」と呼ばれた一連の体験授業である。この試みは、わずか五日間で生徒たちを独裁のシステムの中へ巻き込んでいった。あまりの結果に、高校の授業を用いた心理実験とも称され、そこにナチスの問題が関わっていたことから、「第三の波」は世界的な注目を集めた。

本章では、映画『ザ・ウェイヴ』を実際の出来事および映画の原作ともなっている小説と比較考察することで、およそ四〇年の時を経て、アメリカからドイツへとバトンが受け渡された、この出来事にまつわる問題意識とその表現について検討していくことにする。

## 2　「第三の波」の全貌

まずはロン・ジョーンズの実験的授業、「第三の波」についてみていこう。参考にするのはジョーンズ自身の手記『The Wave』および「第三の波」のウェブサイト「The Wave Home」

である。

一九六七年、カリフォルニア州パロ・アルトにあるエルウッド・P・カバーリー高校で、ある実験的授業が行なわれた。歴史教師ロン・ジョーンズがC‐３教室で始めた試みが、「第三の波」と名付けられた出来事の発端だった。

ジョーンズの授業は社会学科の「現代の世界」で、彼は、第二次世界大戦にいたるまでの世界情況を多角的に扱い、この授業を通して生徒たちがさまざまな観点からの主張を理解し、生徒自身の考え方を学ぶことに重点を置いていた。

この授業のなかで、ちょうどナチスについて扱っていた折に生徒から出た質問が実験授業を始めるきっかけだった、とジョーンズはのちに振り返っている。それは、なぜいわゆる市井の人びとが、強制収容所や大虐殺について何も知らなかった、それが起こったとき自分はそこにいなかったのだと主張できたのかという問いであり、彼はうまく答えられなかったのだという。

そこで次の月曜日に、「規律による強さ」をテーマとし、ナチス・ドイツ的な規律を体験させるために、ジョーンズは一日だけのつもりであるゲームを行なった。それは姿勢を正し、深呼吸をし、離れた場所から素早く自分の席に戻る、というものである。繰り返し練習することで無駄な動きは排除されていき、全員の動作が効率よく統一され、生徒たちはこのゲームに驚くほど熱中した。ジョーンズは普段とは違う生徒たちの態度に戸惑いながらも、いくつかの新しいルールを導入する。終わりのベルまで、各自気をつけの姿勢で座っていなければならないこと、ノートをとるために全員が紙と書くものを用意しなければならないこと、質問をしたり答えたりするときには机の横に立たなければならないこと、発言の前にはまず「ミスター・ジョーンズ！」と言わなければならないこと、などであった。

火曜日、ジョーンズが教室に入ったとき、驚くべきことに、生徒たちはすでに全員が気をつけの姿勢で静かに着席していた。だがこの時点で、彼は、この実験を続けるべきかやめるべきか、自問自答していたという。生徒たちののめり込む様子を見て、ジョーンズはなぜ生徒たちが自分の押し付ける権力を受け入れるのか、この軍隊のような振る舞いに対する好奇心や拒否は何なのか、いつ、どのようにこれは終わるのだろうかと考えた。ジョーンズの手記の特徴は、彼自身のそのつどの好奇心や葛藤が記されていることである。そこからは、生徒たちの反応が初めからジョーンズの思惑を軽く超えていたこと、そうして勢いを増していった流れに、彼が戸惑いながらも身を任せていったことが窺える。

二日目のテーマである「共同体による強さ」を実感させるために、ジョーンズは二つのモットーを生徒たちに暗唱させた。まず二人の生徒を立たせ、モットーを言わせる。そこにさらに二人、さらに二人と増やしていき、最終的にクラス全員が立って大きな声で暗唱するというやり方である。教室は熱気に包まれ、生徒たちのデモンストレーションをまとめあげていく楽しさを味わいながら、一方でジョーンズは、自分が指示するのと同様に、自分自身がこの実験の一部になっており、ついていっているのは自分の方だとも感じていたという。

授業の終わりには、クラスの敬礼と「第三の波」という名称が決められた。これは、サーフィンでいうところの三番目の波――すなわち、波は連なってやってきて、最後の三番目の波が一番大きい、というもの――に由来していた。

三日目には、もともと三〇人だった生徒は四三人になっていた。全員にカードが配られ、そのうち三枚には赤いXが書かれていた。そのカードを受け取った三名は、規律に従わない生徒がいれば報告するという特別な任務をまかされることになった。

この日のテーマは行動についてで、ジョーンズは、所属するコミュニティを信じ、互いに連携して行動することの素晴らしさについて熱弁する。ジョーンズ自身は、自分がきわめてコントロールしたやり方で情報を押し付けているように感じていたにも拘わらず、生徒たちからは「初めてたくさんのことを学んでいるように思う」とか「どうして今までこんなふうに授業してくれなかったのか?」といった声が出たという。彼らは明らかにジョーンズの新しいやり方を心地よく感じ、受け入れて、以前よりも熱心に学習するようになっていた。

指示は次々に出された。「第三の波」の旗印を考えること。メンバー以外の生徒を教室に入れないこと。翌日までにメンバー全員の名前と住所を覚えること。パンフレットを読み、レポートにまとめること。「第三の波」に参加したそうな友人がいれば報告すること。新たにメンバーになろうと思うなら、すでにメンバーである生徒の推薦を受け、ジョーンズからカードを受け取らなければならない。そしてルールを知っていることを証明し、それに従うことを誓わなくてはならない、などなど。

学校中がすでに「第三の波」に対する好奇心と憶測で満ちていた。その日の終わりにはメンバーは二〇〇人を超えていた。そしてジョーンズが逸脱者の報告をするように指示したのはXカードの三名であったにも拘わらず、二〇〇人もの生徒、およそクラスの半数が、誰が敬礼をしなかったとか、誰が批判的なことを言っていたなどの報告をしてきたのである。彼らはクラスのメンバーを観察し、報告することが自分の義務だと考え始めていた。この日の終わりに、クラスの劣等生であったロバートがジョーンズのボディガードを申し出た。「第三の波」がロバートに居場所を与えたことを感じていたジョーンズは、いくばくかの迷いを抱きつつも、彼に許可を与えた。

四日目、ジョーンズは再び、この実験をやめるべきか、なるがままに任せてみるかという迷いに直面する。しかしやめることをためらわせたのは、のめり込んでいる生徒たちが心理的に傷つくのではないかという思いだった。だが事態はすでにコントロールできなくなっていた。水曜日の夜に何者かによって教室が荒らされた。犯人は、「第三の波」の活動のことを耳にして感情的になった一人の保護者、ドイツの囚人キャンプにいたことのある元空軍の大佐だった（後になってジョーンズが彼と話したとき、その父親は、自分の友人がドイツで殺されたのだと語った）。また、他の授業にも影響が出ていた。生徒たちは「第三の波」に参加するために他の授業に出るのをやめていて、スクールカウンセラーが生徒たちに聴き取りを始めていた。

この日の授業のテーマはプライドだった。プライドを持つことの重要性について講義したあと、ジョーンズは生徒たちに次のような告知をした。「第三の波」は単なる実験や授業の活動ではない。実は、この国の政治的転換のために立ち上がる意志のある若者たちを見つけるための国家規模のプロジェクトなのだ、と。国中で、自分のような教師が補充され、規律とコミュニティ、プライドと行動によって国家をよりよい社会として示すことのできるよう、若者の集団を作り上げ、訓練してきたのだ。もしこのやり方で学校を変えることが出来れば、同じようにして工場や店、大学やあらゆる機関を変革することが出来る。君たちは選ばれし若者なのだ、もし君たちが立ち上がり、この四日間で学んできたことを示すなら、我々はこの国の運命を変えることが出来るのだ――。そしてこの話に信憑性を持たせるため、ジョーンズは、これまでずっと「第三の波」に懐疑的な態度を示してきた三人の女子生徒――彼女たちはクラスの中でも最も優秀な三人であり、この実験が始まってからクラスの中で浮いていた――に対して、教室を出ていくように命じたのだという。そして次の日の金曜日に、メンバー全員が講堂に集まるように指示したのだった。

しかし、この告知は「第三の波」を収束させるために考えられたシナリオであった。「第三の波」が国家プロジェクトであるというのは当然ながら事実ではなく、生徒たちが「第三の波」の終了を納得できるようにするための策だった。これが荒っぽい賭けであることはジョーンズも自覚していた。

金曜日の一二時に始まった集会は、周到に準備されていた。ジョーンズは友人たちに頼んでカメラマンやリポーターのふりをしてもらい、あたかも取材が来ているかのように見せかけた。ジョーンズによって「真のリーダーが映し出される」と聞かされていた生徒たちは息をのんで正面に設置されたスクリーンを見つめていた。しかしそこには何も映らず、ジョーンズが登場して、真のリーダーなどいないこと、「第三の波」は国家プロジェクトなどではないことを伝えた。ジョーンズは生徒たちに、自分が選ばれた人間だと思ったのではないか、どこへ向かおうとしているのかと問いかけ、君たちの未来を見せたいと言って、第三帝国のさまざまなシーンや迫害されるユダヤ人たちの姿をスクリーンに映し出した。そして彼は生徒たちに、この数日で感じたであろう優越感や自分たちの正当化について諭し、そもそもの始まりの疑問、ごく普通のドイツ人たちが第三帝国の終わりに、自分たちは何が行なわれていたのか全く知らなかったと言い得たのはなぜなのか、という問いを思い出させた。そしてまさに自分たちが同じような振舞いをしたことに気付かせ、これからの人生でこのような狂気に加担してしまわぬよう、追随者にならぬよう語りかけ、「第三の波」を終結させたのである。

生徒たちはなぜ、これほどまでに「第三の波」に惹かれていったのだろうか？　ひとつにはジョーンズの人柄があるだろう。当時二五歳だったジョーンズは、ハンサムでエネルギッシュであり、生徒や周りの人びとに対してよく手助けをしたらしい。学校で一番人気のある教師だったとも言われている。「コチコチの学者タイプ」ではなく、「生徒たちは彼の授業を好み、彼が教える授業なら自発的に難しいテーマでも申し込むようなタイプ」［映画『ザ・ウェイヴ』公式サイト］であった。

そしてまた、生徒たちが影響を受けやすい多感な年代であったことも一因であろう。彼らは高校一年生で、そのほとんどが一五歳だった。カバーリー高校には当時、三学年あわせて一二〇〇人の生徒がいた。パロ・アルトはスタンフォード大学やシンクタンク、研究施設、ハイテク企業などの集まる地域の中心に位置しているため、ミドルクラスか、アッパーミドルクラスの両親が多く、生徒たちは大学に進むことを前提としていた。カバーリーはアメリカの高校の中でも優良校のうちのひとつに数えられる高校であったようだ。優秀ゆえに、信頼する教師からの要求に成果を出すことに熱中したという側面もあっただろう。ウェブサイト「The Wave Home」の作成者であり「第三の波」に参加した生徒の一人であるマーク・ハンコックは、『ザ・ガーディアン』の取材に対し、子供たちはたやすく攻撃的になったこと、規則を破れば秘密警察に検挙されるも同然で、だれが密告するかもわからなかったこと、自発的に友人を売る密告者がいたことを追想し、そこには本当の恐怖と脅迫があり、警察国家のようだったと述べている〔『ザ・ガーディアン』ウェブサイト〕。

ジョーンズのホームルームクラスはおよそ三〇人だった。ジョーンズは同時進行で三つのクラスで「第三の波」を行なった。したがって、「第三の波」にはおよそ九〇人の先導メンバーがいたと考えられる。彼らがさらに他の生徒たちに呼びかけ、「第三の波」のメンバーは数を増していった。ジョーンズの教師仲間の数人もまた、この活動に参加したのである。

## 3 「第三の波」の作品化

「第三の波」のさまざまな作品化についてみてみよう。オリジナルはロン・ジョーンズ本人によるテクストであり、一九七六年に「Take as Directed」のタイトルで、『ホール・アース・レヴュー』に掲載されたものである。

このテクストはアリグザンダー・グラスホフによって、『ザ・ウェイブ〔The Wave〕』として一九八一年にアメリカでテレビドラマ化された。これはジョーンズのテクストを下敷きに、ジョニー・ドーキンスが台本を制作した四五分の作品で、同年、アメリカの優れた放送作品に贈られ、放送界のピューリッツァー賞とよばれるピーボディ賞を受賞、翌年にはアウトスタンディング・チルドレンズ・プログラム部門でプライムタイム・エミー賞およびベスト・テレビジョン・スペシャル（ファミリー・エンジョイメント）部門でヤング・アーティスト賞を受賞した。

「第三の波」を青少年向けに描いた一九八一年の小説『ザ・ウェーブ〔The Wave〕』は、作家トッド・ストラッサーの手によるものである。ストラッサーは、この作品をモートン・ルーのペンネームで発表した。この小説はヨーロッパで一五〇万部を売り上げるベストセラーとなった。ドイツでは一九八四年にドイツ語翻訳が出版されたのち、現在に至るまで多くの学校で教材として読まれている。つまりこの二〇年来、「第三の波」問題は世代を超えてドイツ国内において共有されてきたと言ってよいだろう。

ナチの党大会が開催されたことで知られるニュルンベルクの跡地での反ファシスト集会に、ドイツ政府がジョーンズを招待したのは一九九三年のことだった。ジョーンズはこのとき、自身の体験について講演し、そのパフォーマンスは一九九六年、ダークセン・モリー・プロダクションズからリリースされたビデオ『Ron Jones Stories Volume 1: The Wave』に編集され、九カ国語に翻訳され、一五〇万本を売り上げた。

二〇〇七年には、ドイツの女性イラストレーター、シュテファニ・カンプマンが、『Die

る。

Welle』としてルーの小説をグラフィック・ノベル化した。これはフランス語版も出版されてい

時を同じくして、ドイツでは映画化の話が持ち上がっていた。監督は当時三五歳のデニス・ガンゼルである。ガンゼルはストーリーの舞台を、当時のアメリカから現代のドイツへと置き換えた。教師役のライナー・ヴェンガーには、『エーミールと探偵たち』（二〇〇一年）のグルントアイス役や『僕の友達』（二〇〇六年）のハンス役を務めたユルゲン・フォーゲルが抜擢された。歯並びの悪さが特徴的な、ドイツでは人気の俳優である。ガンゼルは、ドイツ赤軍に関する政治スリラーテレビ映画『Das Phantom』（一九九九年）でも、フォーゲルを主役にしている。映画『ザ・ウェイヴ』は数々の賞を獲得した。二〇〇八年サンダンス映画祭コンペティション部門正式出品作であり、二〇〇八年ドイツ・アカデミー賞ブロンズ映画賞、最優秀助演俳優賞を受賞、さらにゴールド映画賞と二〇〇八年ヨーロピアン・フィルム・アワード観客賞と最優秀俳優賞にノミネートされた。二〇〇八年イスタンブール国際映画祭では特別審査員賞を受賞している。そしてこの作品は、一九七一年にスタンフォード大学で行なわれた、刑務所をシミュレーションした心理実験の映画化である『エス［es］』（二〇〇二年）をはるかに超えるヒットを記録したのである。

二〇一〇年にはドキュメンタリー『レッスン・プラン〔Lesson Plan–The Story of the Third Wave〕』が発表された。「第三の波」に参加していた生徒の一人であり、ロサンゼルスの映画監督である

フィリップ・ニールがこの体験のドキュメンタリーの作成を思いつき、かつてのクラスメートたち、その両親たち、校長とロン・ジョーンズとコンタクトをとった。あのとき実際に何が起こったのかを自らの言葉で語る彼らの中には、まだトラウマを持っている者もいたという。ゲスト・コメンテーターには『エス』の元となったスタンフォード監獄実験の責任者であったフィリップ・ジンバルドーも含まれていた。

ロン・ジョーンズのテクストの舞台化は数知れない。ジョセフ・ロビネットはロン・ジョーンズとともに、このテクストを教育機関で使用できるように、舞台用に一〇〇分の台本にアレンジした。また、オラフ・ピトリックはジョーンズのテクストをもとにロック・ミュージカルを構成し、このミュージカルはカナダで初演された後、アメリカ、ドイツ、ベルギー、オランダで公演された。ミュージカル化はほかに、ジェラード・クナップによるもの、ロン・ジョーンズによるものがある。二〇〇八年の映画ののちに書かれ、二〇一〇年に初演されたロン・ジョーンズ脚本のミュージカルは、数ある劇場用改作のなかでも、ジョーンズが当時の教え子たちとのやりとりを通して作り上げた唯一のものである。

「第三の波」のさまざまなバリエーションを見てみると、この出来事が当時から現在にいたるまで人びとの関心を惹き続けてきたこと、そしてそこで露わになった問題が、それを学んだ世代に再度検討され、取り扱われてきたことがはっきりと窺える。カンプマンにしてもガンゼルにしても、創作当時、ともに三〇代であった。ナチスについて学ぶための教材として、学校で「第三の波」を教えられた世代である。映画化はもはや必然だったと言えるだろう。この映画化はプロデューサーのクリスティアン・ベッカーが原作者モートン・ルーや製作会社、エージェント、そしてロン・ジョーンズ本人との幾度もの交渉を経て実現した。それまでに何度となくアメリカのプロデューサーからの依頼を断ってきたジョーンズは、二年にわたって注がれたベッカーの熱意に動かされたのだといい、映画化にはコンサルタントとして参加し、脚本にいくつかの短い挿話を書き加えた。次節では、満を持して創られたこの映画についてみていく。

## 4　映画『ザ・ウェイヴ』の概要

映画『ザ・ウェイヴ』は二〇〇八年三月一三日にドイツで公開された。モートン・ルーの小説を土台に、デニス・ガンゼルとペーター・トアヴェルトが手掛けた脚本によるものである。ジョーンズがそこにさらにいくつかの挿話を提供している。ジョーンズのテクストからもモートン・ルーの小説からも大幅な改変がなされており、その変更について考えることが映画化の意味を探る手がかりとなる。

舞台は原作の一九六〇年代アメリカから現代のドイツに置き換えられ、撮影場所には、近代的な雰囲気を持った高校として、ベルリン郊外のダルゴー・デーベリッツにあるマリー・キュリー・ギムナジウムが選ばれた。映画はドキュメンタリーのような構成で、とある金曜日から翌週の土曜日までの一週間を描いている。以下にその概要を記す。

### ◆実習前の金曜日

高校教師のヴェンガー（現実のロン・ジョーンズにあたる）は、もともと一週間の実習に「無政府主義」のテーマを望んでいたが、校長から「独裁」を担当するようにと伝えられる。彼は自分は労働デモにも詳しいのにと食い下がるが、校長は「ヴィーラントは完璧な実習計画を提出済みよ」と言い、もう一人の実習担当教師ヴィーラントに直接交渉するように助言する。ヴェンガーはヴィーラントに、「無政府主義」と「独裁」のテーマを交換してくれるように

頼みこむが、ヴィーラントは、「実習の目的は民主主義の長所を教えることだ。〔……〕火炎ビンの作り方なら化学の授業でも教えられる」と突っぱねる。

### ◆実習一日目、月曜日

実習の一日目、生徒たちにやる気は見られない。独裁制の事例を尋ねるヴェンガーに、「第三帝国」という答えが出たところから、生徒たちは辟易した様子を見せる。彼らがこれまですでに、第三帝国について十分すぎるほどの教育を受けてきたのであろうことが窺える。生徒たちの反応に対し、ヴェンガーは、もうドイツでは独裁は起こり得ないのか？　という疑問を呈する。当然だ、という答えに、ヴェンガーは何か考えながら、一〇分休憩をとる。休憩時間のヴェンガーの考え込む様子から、このときに実験が思いつかれたことが窺える。

休憩が終わると、ヴェンガーは、幸い実習では何をやっても自由だ、という前置きで、独裁に必要不可欠な指導者を決めよう、と提案する。生徒たちの多数決でヴェンガーがその役割に決まり、生徒たちは彼のことを「ヴェンガー様」と呼ぶように、そして発言の際には起立するように指示される。生徒たちは普段とは違う運びに興味を覚えつつあり、たいていは面白がる風である。この時点で「これは何なの？」と授業の流れを訝《いぶか》しむのは、モナという生徒のみで、彼女はほどなくして、この実習を棄権する。この日は「規律の力」がキーワードとされ、反抗的な態度をとったケビンは退室を命じられる。

### ◆実習二日目、火曜日

火曜日の授業の内容は、実際のジョーンズのそれとほぼ同じである。姿勢を正し、深呼吸をし、皆で足並みをそろえて行進の訓練をする。

この日のキーワードは「団結の力」である。団結を示すものとしてヴェンガーは制服の導入を提案する。右翼のようだという発言もあるが、違いをなくして皆が平等になるという意見が受け入れられ、白シャツにジーンズという服装が決まる。クラスのはみ出し者だったティム――ジョーンズにとって最も気にかかる生徒であったロバートにあたる――は、実習に並々ならぬ熱意を見せ、その日の放課後、それまでの服を全部燃やしてしまう。また、ヴェンガーの「独裁」のクラスが生徒たちには受けが良いことを示すように、ヴィーラントのクラスの生徒たちが「無政府主義はいいけど先生が最悪」「眠い授業」という理由で、ヴェンガーのクラスへの変更を希望する。

### ◆実習三日目、水曜日

水曜日、制服を着てこなかったのはカロだけだった。彼女はもともと、クラスの中心になるような、美人で優等生の女子生徒である。このときの彼女はまだ、服装を自分で選ぶ自由があると信じていた。しかしクラスは彼女が思っていたよりも「独裁」実習に順応していた。制服に身を包み、生徒たちは前日にもまして、授業に熱中しているように見える。白い制服の中でカロの赤い服は浮いている。ヴェンガーは、カロの服には触れない。そして手を挙げて発言しようとするカロを無視するような態度さえとる。そしてヴェンガーのカロへの態度に呼応するかのように、生徒たちの中でカロへの不満が高まっていく。

この日、急激に状況が進展する。グループの名前が「ウェイヴ」に決定し、ロゴが考えられ、五〇〇〇枚のシールが作られ、他の生徒とのもめごとが起こり、ウェブサイトが作成されて、そしてカロの孤立が決定的になる。生徒たちは夜、集まって、シールとラッカーで街中にウェイヴのロゴをつけていく。ティムは、一番目立つところである教会の工事中の覆いの前面に、巨大な赤いロゴマークをつける。

### ◆実習四日目、木曜日

木曜日にはウェイヴの敬礼が考え出され、それが早くも小学生にまで広がっている。敬礼をしないクラスメートを排除しようとする小学生（カロの弟）を見て、カロはヴェンガーにウェイヴを中止するように進言するが、「この実習はもう制御不能だと思う」というカロに対して、ヴェンガーは「だったらコースを変更しろ」と答える。またティムは、ヴェンガーに心酔し、彼の家へ行ってボディガードをかってでる。ヴェンガーは当惑するが家に招き入れ、夕食をともにする。この日、カロは新聞部に赴き、ウェイヴに反対するビラを作成する。他の生徒たちが夜に開かれるゲーム・パーティに浮足立つ中、カロは一人、夜まで学校に残り、ビラを廊下に撒いていく。

### ◆実習五日目、金曜日

金曜日、ヴェンガーが手にした朝刊には、ウェイヴの落書きについての記事が載っていた。そこで初めて、ヴェンガーはウェイヴが自分の知らないところで勢いを増していたことに気付く。さらに、前の日に帰らせたはずのティムがヴェンガーの家の前で一夜を過ごしていたこと、そのティムとともに学校へ向かう途中にヴェンガーの車に赤いペンキがぶちまけられること——街でウェイヴのメンバーと揉めたパンク・グループの仕業である——によって膨れたヴェンガーの戸惑いは、そのままクラスへの怒りへと変わり、彼は教室に入るや否や生徒たちを激しく叱責する。

この日の午後はヴェンガーが顧問を務める水球部の試合である。ウェイヴのメンバーはこの試合を応援するために集まるが、そのとき制服でないと応援席に入れさせないという決まりをつくる。カロとモナは中に入ってビラを撒こうとするが、制服でないために監視役のボンバーに止められてしまう。なんとかして入り込んだカロたちのビラをきっかけに、応援席では混乱が生じ、一方プールの中では、ヴェンガーのクラスのジナンが相手チームの選手に水中に引きずり込まれ、殴られて血を流す騒ぎになる。この件をきっかけに、ヴェンガーは同じ教師である妻のアンケと口論になるが、そのときアンケに、生徒に崇拝されて喜んでいる、自分のエゴを満たすために生徒を操っていると指摘されたヴェンガーは、それは嫉妬だと反論し、自分を羨んでいるのだろうと罵る。

一方、水球の試合が中止になったことで、恋人であるカロに手をあげてしまったマルコは、ショックを受けて、ヴェンガーに自分が独裁で変わってしまったと言い、ウェイヴを中止するように頼む。しかしヴェンガーは考えておくとだけ答え、マルコに「俺に指図するな」と声を荒げる。

### ◆最終日、土曜日

映画のクライマックスとなる土曜日、ウェイヴの集会が開かれ、制服を着たウェイヴのメンバー以外の立ち入りが禁じられた講堂で、ヴェンガーが登壇する。そして彼は前日に提出されたレポートを読み上げ、ドイツの国力の低下を嘆き、今こそ歴史に名を残す時が来た、ウェイヴはドイツ全土を飲み込む！　と熱弁する。生徒たちは手を叩いて喜び、盛りあがる。ヴェンガーに裏切られたと感じたマルコはただ一人立ち上がり、反対するが、ヴェンガーは「われわれの邪魔をする物は叩き潰す！　反逆者をここへ！」と叫び、まわりの生徒によってマルコは檀上へと連れ出される。そして熱気が最高潮に高まったとき、ヴェンガーは「反逆者をどうする？」と生徒らに叫ぶ。生徒たちは答えられず、マルコを連れてきた一人、ボンバーは「あなたが命令をしたから」と答える。そこで初めて、ヴェンガーは次のように語りだす。

俺の命令だと？　俺の命令なら殺すのか？　わ

れわれに従うまで拷問するのか？　これが独裁の実態だ、気づいていたか？　最初の授業の質問を覚えているか？「もう独裁はあり得ない？」この状況がまさに独裁だ、自分たちを特別な存在と思い込み、もっと悪いことに反対する者を全員排除した。傷つけた。他にも過ちを犯したかも。君たちに謝るよ、我々はやりすぎた。俺の責任だ。終わりにする。

生徒たちはショックを受け、なかにはウェイヴには長所も多かった、間違いは修正できると言う者もいるが、ヴェンガーの「全員家に帰れ、反省が山ほどあるはずだ」の言葉に促され、徐々に帰り始める。そのとき、ドアの見張りをしていたティムが「とまれ！」と叫んで銃を取り出す。ウェイヴがすべてになっていたティムはヴェンガーの説得に応じず、銃を自分に向け、皆の目の前で自殺する。そして映画は、ヴェンガーが警察に連行される様子のスローモーションで終わる。

## 5　映画の演出と問題点

ジョーンズの短編「Take as Directed」（以下ジョーンズ版）、モートン・ルーの小説『ザ・ウェーブ』（以下ルー版）およびアリグザンダー・グラスホフのテレビドラマ『ザ・ウェイヴ』（以下テレビドラマ版）と比較すると、ガンゼルの映画版では決定的な違いが存在する。そしてその改変によって、映画はいくつかの問題を孕んでいる。

まず一つには、現実離れした演出が挙げられよう。それはウェイヴの活動が活発化する水曜日に生徒たちが見せる一連の行動である。そもそも映画全体を通した演出として、教室の中だけでなく、同時進行的に、生徒たちのそれぞれの放課後の様子とヴェンガーのプライベートが描かれ、鑑賞者はそれによって非常に速いテンポで一日毎の経過を把握していくのだが、とりわけ水曜日の描写は観る者の時間感覚を狂わせるので、かえって真実味が失われる結果となっている。たった数時間で、ウェブサイトを完成させたり、五〇〇〇枚のシールをプリントできたり、ラッカーだけで巨大なロゴマーク――直径一〇メートルはあるかと思われる――をたった一人で暗闇の中、工事現場に残したり、といったことが可能な高校生たちは、いったいどんな特殊能力を備えているのかと思わざるを得ない。ジョーンズ版、ルー版にはないこうした極端な逸話によって、集団心理のダイナミクスへの焦点がむしろぼかされ、個々の行動の活発化だけが浮き上がる結果となっている。それらはすべて現代への置き換えのための過剰な演出である。

だが決定的なのは、ユルゲン・フォーゲル扮するライナー・ヴェンガーの教師像の変更だろう。実際のジョーンズがはつらつとした好青年であったこと、ルー版、テレビドラマ版でも親しみやすい青年教師として描かれているのに比べると、ヴェンガーは一見したところ、あまり紳士的とは言えない風貌である。年齢も四〇歳間近に見え、ジーンズに革ジャンと服装も随分ラフである。冒頭でも述べたように、ロック音楽のＢＧＭにのって歌いながら車を走らせる、くだけたイメージである。生徒たちとのフレンドリーなやりとりから、生徒のうけが悪くないことは感じられるが、ベルリンで五年間、不法居住していた過去を持つ。建物の「不法占拠居住（スクワット）」は一九七〇年代以降にヨーロッパで広まった社会運動の一形態であることから、ヴェンガーが左翼崩れであることを示唆する設定なのだとわかる。全体的に、現代のドイツにおいて生徒に受け入れられやすい教師像は、はたしてこのようなイメージなのだろうかと疑念を抱かずにいられない。

この教師像との対比で、ジョーンズ版にもルー版、テレビドラマ版にも出てこないキーパーソンとなるのがヴィーラントである。ヴェンガーは、次の月曜日から始まる一週間の実習について、金曜日の時点で具体的な計画を何も示せておらず、それでいて「完璧な実習計画」を作成しているヴィーラントを「何もわかっていない」とこき下ろす。そして月曜日の実習で、生徒たちに足踏みをさせながら、この行進の目的はもうひとつあると言い、真下の教室がヴィーラントの「無政府主義」のクラスであることを知らせて「奴らの頭に天井の破片を降らせろ」と煽るのである。カメラが切り替わって映し出されるヴィーラントの教室では、その騒音で明らかに授業が妨害されている。そしてヴィーラントの背後には、彼の授業が理屈っぽく退屈であると強調するかのように、びっしりと細かく書き込まれた黒板が映る。「規律の力」「団結の力」という二語しか書かれていないヴェンガーの黒板とは対照的である。本来存在しなかった対極的な教師が取り込まれたことで、映画版には、初めから仮想敵が用意されているのだ。

映画ではヴィーラントを、頭でっかちで退屈な教師として描いており、生徒たちは彼の授業をつまらなく思っていることが窺えるが、実際には、実習のそもそもの目的を把握したうえで丁寧な授業準備をしているヴィーラントのほうが、うけは悪いにしても「良い」教師であることは明らかである。ヴェンガーは「無政府主義には負けん」と言い、生徒たちにヴィーラントのクラスをライバル視させることで、彼らを一つのまとまりに導こうとするが、その発端はヴェンガー自身の個人的感情に他ならない。そしてこの時点からすでに、クラスも、そしてヴェンガー自身も、はっきりとした自覚のないまま、仮想敵に立ち向かう集団としてアイデンティファイされ、独裁のメカニズムへと巻き込まれているのである。

ハンナ・キーパーは学校教育学の見地から、この映画における教育環境とヴェンガーの資質に疑問を呈している［Kiper, 156f.］。生徒の授業態度は悪く、教師（ヴェンガー）は無駄話をする生徒を注意しない、授業の準備はほとんどされていないように見え、教師は専門的知識を提供できていない、一週間実習の意図が生徒と共有されていない、といった指摘は、この映画の表現上の欠陥を明確に表している。ヴェンガーは「第三の波」のロン・ジョーンズの教師像とは決定的に異なっているのだ。ロン・ジョーンズの人気とカリスマ性は、彼の授業への熱意に裏付けされたものであり、実験授業の思いつきも、生徒の疑問に対する答えを見出そうという明確な理由があった。テレビドラマ版での教師像は、丁寧な話しぶりで、フランクでありながら生徒の尊敬を集め、その授業はテンポよく強弱がつけられているが同時に説明的でもある、といった点で、実際のイメージに近いように思われる。また生徒たちに熱心に講義するシーンが長くとられており、授業そのものをみせる演出がなされている。ルー版でも、ジョーンズにあたるベンは、さまざまな工夫を凝らした授業で生徒たちに生きた歴史を教えようとする熱心な若い教師として描かれる。だが、映画版のヴェンガーは、そもそも独裁とは何か、といった導入的な解説もしなければ、支配のメカニズムがどのようなものであるかとか、権力が強化されたり是認されたりするプロセスについてなどといった説明もしない。授業は、ヴェンガーが生徒に質問をなげかけ、生徒たちの答えを拾っていくというその繰り返しで進められる。

一方向的な講義形式の授業に比べ、ヴェンガーのやり方は一見、生徒の自主的な学びを尊重する自由度の高い授業に見える。通常、こうした授業運営をする場合、教師には、自分の介入をコントロールしつつ、議論の拡散を防ぎ、かつ全体をまとめていく技術が求められる。しかしヴェンガーは、生徒の答えを分析・分類したり、そこから拡げたりはしない。生徒の答えを受けつつ、結局は自分の用意したキーワードを黒板に書きつけるのだ。そもそも、教師が「独裁者」になったロールプレイの中で授業を進行することは矛盾を孕んでいる。独裁者に追従する生徒たちに求められるのは、自分の考えではなくヴェンガーにとっての正解を導き出すことになってしまっている。

映画の後半、ヴェンガーと妻アンケの言い争うシーンで初めて明らかになることだが、驚くべきことに、ヴェンガーは実は体育教師である。

嫉妬してるのか？　崇拝されない自分が悔しいんだろ、二流教師の俺に負けて。同僚も同じだろ、俺は短大卒の体育教師だからな。劣等感の塊だよ。月曜は安定剤が必要だ、学校が怖いからな！

ここで、ヴェンガーがコンプレックスの強い人間であることが露呈する。なぜ体育教師がこの一週間実習を受け持っているかということについては、映画の中では説明されていない。ロン・ジョーンズが歴史教師であったことを考えると、この設定は、ヴェンガーが「短大卒」で自身を「二流教師」と思っている「劣等感の塊」であることをことさらに強調するためであるように思われる。さらに、ヴェンガーが教師仲間からも孤立していることを示すかのように、彼が学内で親しく話すのは妻のアンケだけである。この無理のある教師像の変更によって、ヴェンガーの授業運営はその内実を疑われる結果となり、さらに鑑賞者に、ヴェンガーの個人的な劣等感がウェイヴを加速させたと解釈させるのである。

ロン・ジョーンズおよびルー版のベンとヴェンガーの決定的な違いは、独裁者として振る舞うことへの迷いの有無である。そもそもナチズムへの疑問から実験授業を始めたジョーンズは、独裁をメインテーマにはしていなかった。それでも自分が集団を率いながら、同時にまた自身が「第三の波」に呑まれていくことを自覚していたし、そのことへの怖れも抱いていた。さらに、指導者として絶対的に信頼され、権力を与えられることとの快感にもまた自覚的であった。これはルー版のベンも同様である。ベンは生徒たちが予想以上に実習にはまったことを、奇妙に感じたり軍隊のようだと客観的にみたりしている［Strasser, 39/44］。だがヴェンガーは自分の役割に専念し、迷いを見せない。彼は、生徒たちの積極的な態度を喜び、なんら疑問も抱いていないようにも見えるのだ。

しかし、ヴェンガーが現実に目を向けられていない一方で、鑑賞者には数度にわたる赤色の演出によってウェイヴの危うさが仄めかされている。それは制服の白いシャツの中でカロが着ていた服の赤色、ティムが教会の工事現場につけた赤い巨大なロゴマーク、水球試合での水中に広がる血の赤色、ヴェンガーの車に撒かれた赤いペンキである。次々にちりばめられる赤色は、映画のひとつのメッセージカラーとなっているが、ここで思い出されるのは、ヴェンガーがそもそも左翼＝「赤」だったことである。ナチスが一掃しようとした「赤」――共産党員、社会民主党員、労働組合員――に通じるはずのヴェンガーが、赤い色のメッセージに気付くことなく、独裁者の役割にのめり込んでしまうのである。

ティムがボディガードをしたいと自宅へやってきた木曜日の夜も、ヴェンガーは最終的には、居続けようとするティムを強引に帰らせるが、彼自身の意思というよりもパートナーのアンケの反感に従ったようにみえる。この時点ではまだ、ヴェンガーはウェイヴの現状を客観的に捉えられていない。カロやアンケのような周囲からの反対の声に、真剣に耳を傾ける状態にはなっていないのである。キーパーが指摘するように、ヴェンガーは「彼の実験に内在するダイナミズムを認識しておらず、自分が指導者であるがゆえに、いつでも展開を阻止できるとか実験の出発点に戻ることができると信じている」［Kiper, 157］。

そしてその甘さが次々に結果として現れてくると、ヴェンガーの、ウェイヴを終結させなければならないことへの心理的不安定さが露呈する。その様子から、彼が教師としてのみならず、独裁者としての役割ももはやコントロールできないことが示されるのである。

なぜヴェンガーはこのように描かれなければならなかったのだろうか。そこには、結末の決定的な変更が関係している。脚本を担当したガンゼルとトアヴェルトは、ジョーンズ版に従ったナチズムの議論には踏み込まなかった。その理由をトアヴェルトは、ナチスや第三帝国についてドイツの若者たちは嫌気がさすほど勉強し、二度と起こらないと思ってしまっており、「基本的に同じ社会システムでも独裁国家と呼ぶほうが無害な感じに始められる」〔『ザ・ウェイヴ』公式サイト〕からだと述べている。それにより、映画版では、ナチ政権下のドイツ人たちの映像を見せられることによって生徒たちが視覚的に自分たちの振舞いを顧みさせられるというシーンは扱われない。ナチス・ドイツとの対峙という点でいえば、集会のシーンで「真の指導者」としてヒトラーの顔がアップで映し出され、ヒトラーに追従したも同然という事実が生徒たちに突きつけられるルー版は、よりシビアである。それに対して、映画版ではヴェンガーの演説のあと、ティムの自害によって幕引きとなっている。

ガンゼルは、祖父が第三帝国の役人であったことから、自分であればどのようにふるまうかという問いを持ち続けてきたのだという。そしてファシズムについての疑問を二つにわけ、「当時の状況はどうだったのか？　ナチスはどうやって人々に道を外させたのか？」という問いを二〇〇四年の監督作品『エリート養成機関　ナポラ』で、「今日、我々はどのようにしたら道を外れるのか？　ファシズムはどのように働くのか？　現代にも通用するのか？　今、普通のドイツの学校でそのようなことが再び起こり得るのか？」という問いを本作で扱ったのだと述べる〔『ザ・ウェイヴ』公式サイト〕。

『エリート養成機関　ナポラ』は、貧しい少年フリードリヒがボクシングの腕を買われ、ナチス党員育成のための寄宿制ギムナジウムナポラに入学し、国民社会主義的エリート養成の閉鎖空間に順応していく物語である。ナチス内部の精神構造に迫るという意味では、一人の少年がナチ的に矯正されながらも友人の死をきっかけに自ら追放される道を選ぶというプロセスを描いたこの作品は、十分に成功していると言えるだろう。だが、ガンゼルの後者の問いが『ザ・ウェイヴ』において十分に扱われているかといえば、必要不可欠なはずの視点が抜け落ちていると言わざるを得ない。それは、ウェイヴの活動にやりがいや居場所を見出した、ボンバーやジナン、ティムのような生徒の視点でもなければ、反発し拒絶したモナやカロの視点でもない。そうした明確な意思なしにクラスの流れに同調していった、その他大勢の生徒たちの視点である。現状への鬱積した不満という前提条件がなくても、自分のそばで大きな流れが生じたときにそれに従っていく順応的な人びとがファシズムを可能にする。彼らは自分の中にブレーキを持たない。その「その他大勢」の視点を掬い上げ、詳《つまび》らかにすることこそが、ファシズムが機能していくプロセスの実態を探る手がかりとなるはずなのだ。

長いあいだ、ナチズム史の研究ではファシズム論や全体主義論のアプローチが主流であり、議論の対象となっていたのはイデオロギーやナチズム体制そのものであった。そこに、「ふつうの人びと」、つまり地域や家族の日常に目を向けた「下からの社会史」が起こってきたのが一九七〇年代以降のことである。なかでもデートレフ・ポイカートは『ナチス・ドイツ――ある近代の社会史』において、ナチ体制がなぜ可能であったのか、なぜ機能できたのかを、日常史の視点から証左した。その際、「小ばなしや噂では、複雑な政治的事件とか社会全体の構造の分析が、それをよく示す具体的な小さな問題に還元」されてしまうものの、しかし「それは全体を象徴的に表現」しており、「逸話のこの象徴機能のなかに、多くのばかばかしい噂にひそむ「真理としての価値」がある」〔ポイカート、六九頁〕のだとし、日常的なコミュニケーションのなかでやりとりされていた批判や不満を掬い上げた。そして、「プロパガンダがつくり出した広範な熱狂のイメージは、うわべだけの飾り」にすぎず、「非ナチ国民大衆は、うけ身の態度で不満をいうか、文句をいいつつ忍従するか、あるいは体制と個人的に折りあうことのなかに沈み込んでしまった」ことを指摘している。〔ポイカート、九〇頁〕

「第三の波」の成功が教師の人気や支持率に関係していると思うかという質問に対して、ガンゼルは、人びとを納得させられるだけのリーダーシップを持ち合わせた真の指導者であり、生徒たちに尊敬されるような存在は、いつ何時でも心理学的に極悪なファシズムを再構築することが出来ると確信していると述べた〔『ザ・ウェイヴ』公式サイト〕。そして、現代のような個人主義と、徹底した核化社会への傾倒は永久には続かず、どこかの時点で真空状態になるとしたうえで、そのときにその空白を埋めようとする主義が危険なのだと主張した。どうやらガンゼルの関心は、独裁を可能にする個人のあり方に向かい、「今日、我々はどのようにしたら道を外れるのか？」

（傍点は引用者）という問いを重視しない方向へと進んだらしい。ナチス・ドイツを前面に出さないことで、ファシズムの問題を一般化して扱う、という彼の意図は、部分的には成功している。しかし、この映画の問題点は、指導者役の教師像と結末を大幅に変えることで、一連の出来事を教師個人に由来するかのように演出していることにある。警察車両の後部座席に茫然と座るヴェンガーが、窓から差し込む明るい太陽の光に目をやる最後のシーンは、冒頭のシーンにリンクしている。ヴェンガーに罪を着せるための布石は、初めから打ってあったのだ。

ジョーンズは、「第三の波」終了後、生徒たちが自分たちの姿を客観的に捉え直す作業へと移行した。実験授業を振り返り、ディスカッションし、実験から何を学べたかを語り合ったのである［ジョーンズ自身の手記『The Wave』ウェブサイト］。生徒を巻き込んだ授業内の試みであれば、この作業は必要不可欠である。だが、クラスメートの自殺と教師の逮捕というラストを用意したガンゼルの映画は、「ウェイヴ」を独裁の一つのケースとして扱うことに主眼を置いている。そして、歪められた教師像と方法論的に破綻した一週間実習によって、独裁のメカニズムの問題と教育倫理の問題をないまぜにしているのである。

以前、私は、大学の担当クラスでこの映画の紹介をしたことがある。その際に学生に求めたのは、「自分ならどの登場人物のように考え、行動するかを考えながら観てほしい」ということだった。鑑賞後のレポートで、多くの学生が独裁に対する嫌悪感や怖れを記すと同時に、「自分にはカロのように表立って反対の立場はとれない」「自分は長いものに巻かれると思う」などの感想を書いた。現代において独裁のテーマを取り上げるならば、独裁的状況下に身を置いた個人が自覚なく「その他大勢」になるプロセスが扱われてこそ、意味があるのではないだろうか。

## この章でとりあげた映画

『ザ・ウェイブ』原題 *Die Welle*　二〇〇八年　ドイツ映画

『エリート養成機関 ナポラ』［DVD］、TCエンタテインメント、二〇〇六年

## 参考文献

### 文学作品

Strasser, Todd: *The Wave*. Ember 2013. 日本語訳は、ルー、モートン『ザ・ウェーブ』小柴一訳、新樹社、二〇〇九年。なお、モートン・ルーはトッド・ストラッサーのペンネームである。発表時にはモートン・ルーの名を使っていた。最近の版では本名を記すバージョンがある。

### その他の文献

Kiper, Hanna: „Die Welle“: Eine Analyse aus pädagogischer Perspektive. In: *Lehr-Performances —Filmische Inszenierungen des Lehrens. Medienbildung und Gesellschaft*. Band 17. Hrsg. von Manuel Zahn, Karl-Josef Pazzini, Wiesbaden: VS Verlag 2011.

Peukert, Detlev J. K.: *Volksgenossen und Gemeinschaftsfremde. Anpassung, Ausmerze und Aufbegehren unser Nationalsozialismus*. Köln, bund-Verlag 1982.

ポイカート、デートレフ『ナチス・ドイツ――ある近代の社会史』、木村靖二・山本秀行訳、三元社、一九九一年

## ウェブサイト

Lipsett, Anthea: 'Like history in the first person'. *THE GUARDIAN.* http://www.theguardian.com/education/2008/sep/16/schoolsworldwide.film（最終閲覧日二〇一四年一一月二三日）

Rodek, Hanns-Georg: „Wieviel Nazi steckt in jedem kind?“. *DIE WELT.* http://www.welt.de/kultur/article1782658/Wie-viel-Nazi-steckt-in-jedem-kind.html（最終閲覧日二〇一四年一一月二三日）

Tniruvilangan, Tiru: 'Interviews. Ron Jones'. *Littele White Lies.* http://www.littelewhitelies.co.uk/features/articles/ron-jones-interview-988（最終閲覧日二〇一四年一一月二三日）

映画『ザ・ウェイヴ』公式サイト http://www.at-e2550.sakura.ne.jp/the-wave/（最終閲覧日二〇一四年一一月二三日）

シュテファニ・カンプマンの公式ウェブサイト http://www.stefanikampmann.de/index2.html（最終閲覧日二〇一五年二月一二日）

ジョーンズ自身の手記『The Wave』http://thewavehome.com/1976_The-Wave_story.htm（最終閲覧日二〇一四年一一月二三日）

「第三の波」のウェブサイト「The Wave Home」http://thewavehome.com/　ここでは当時の写真など視覚資料も見ることが出来る。このウェブサイトは、第三の波に参加した生徒の一人マーク・ハンコックによるものである。

デニス・ガンゼル公式ウェブサイト http://www.dennisgansel.com/（最終閲覧日二〇一四年一一月二三日）

ロン・ジョーンズ公式ウェブサイト http://www.ronjoneswriter.com/（最終閲覧日二〇一四年一一月二三日）

# 第9章　マインホフの女性運動とエンスリーンの暗号

## 映画『バーダー・マインホフ』に描かれなかった「伝説」

青地伯水

### 1　「伝説」

映画『バーダー・マインホフ・コンプレクス』（邦題『バーダー・マインホフ　理想の果てに』、以下『バーダー・マインホフ』）は、西ドイツの赤軍派（ＲＡＦ）成立過程からいわゆる「ドイツの秋」――ルフトハンザ機ハイジャック、ドイツ経営者連盟会長ハンス・マルティン・シュライアーの誘拐と監禁、ＲＡＦ主要メンバーの獄死、シュライアー射殺――に至るまでを描いている。原題は、一九七〇年代に、アンドレアス・バーダーとウルリーケ・マインホフ（一九三四―一九七六年）を中心とするバーダー・マインホフ・グループと呼ばれたＲＡＦとその後継世代を意味する。

一九六七年六月二日イランのパーレビ国王訪独に反対するベルリンオペラ座前のデモと一学生オーネゾルクの死。射殺警官の無罪放免。一九六八年四月二日バーダーとエンスリーンによるフランクフルト百貨店放火事件。時は前後し二月ベトナム国際会議でのルディ・ドゥチュケの演説、四月一一日右翼青年によるドゥチュケの狙撃とそれをきっかけに、『ビルト』紙において学生運動を敵視するシュプリンガー社への学生たちのデモと襲撃。これらの事件が淡々と一見脈絡もなく継起する。

マインホフは放火事件で未決拘留中のエンスリーンを訪ね、彼女の「理屈をもてあそんでいるだけで、何かを変えられると思ってるの」［B. Eichinger, 157］という言葉に心を動かされる。一九七〇年五月一四日マインホフがおとりとなって、バーダーは脱獄に成功するが、マインホフも一緒に地下へ潜って、暴力路線へと転向する。彼らはＲＡＦの設立を宣言し、ヨルダンで戦闘訓練を積み、「没収」と称する銀行強盗と、米軍基地、ドイツ警察、シュプリンガー社を標的に爆弾テロとを実行する。しかし一九七二年六月までに、ＲＡＦの主要メンバーのほとんどが逮捕される。逮捕時に泣き崩れて後悔するマインホフは、人間らしい内面の有為転変を体現している。だ

が、そのマインホフも映画半ばで、命を落としスクリーンから姿を消す。

その後はエンスリーンが暗号を用い、赤軍派第二世代が彼女に操られて犯罪を重ねていく。一九七二年アラブゲリラがオリンピックでミュンヘンに滞在していたイスラエル選手団を殺害した、いわゆる黒い九月事件の三年後、一九七五年ストックホルム西ドイツ大使館占拠における流血事件がその始まりである。一九七六年マインホフ変死事件が起こるが、死のみが報じられ、映画はこの事件の詳細を描写せず解釈を避けている。ギュンター・グラスは、マインホフを含めて彼らが、獄中で殺された証拠など何もないにもかかわらず、「ナチスの後継国家」ドイツ連邦共和国のファシズムに抵抗する殉教者に祭りあげられたことを指摘している。つまり警察による不手際な調査が、同時に不誠実でもあり、RAFをはじめとするマインホフに共感する人々に揣摩憶測《しまおくそく》を引き起こしたという。つまりグラスは、深刻な問題を解明できない国家のせいで伝説が生じたという。［三島、二三四頁］

一九七七年四月七日西ドイツ連邦検事総長ブー

バックが、エンスリーンから指令を受けたRAF第二世代による特殊部隊「ウルリーケ・マインホフ」によって銃撃、暗殺される。映画のなかでは、ブーバックの乗る信号待ちの車が襲われ、銃撃後に運転者を失った車両が交差点へと転がり出る衝撃的な場面である。RAFの声明によれば、ブーバックの指揮の下、一九七六年五月九日マインホフが刑務所内で自殺に見せかけて処刑されたことへの報復である。西ドイツ連邦刑事局長官の部屋で、この声明文を読んでいた助手コッホは、長官ヘロルドに尋ねる。「なぜ、刑務所の外に新たなテロ集団が次々生まれるのでしょうか。何が彼らを駆りたてるのでしょうか」[B. Eichinger, 266]。ヘロルドは、その答えとして一つの言葉をつぶやく、「伝説〔ein Mythos〕だ」[B. Eichinger, 266]。この映画の背景にあり、ヘロルドの発したこの不可解な言葉「伝説」（原語では「神話」）の内容を明らかにするのが、本章の主旨である。

## 2　アイヒンガーとエーデルにとっての時代の寵姫

バーダー・マインホフ研究において、同時代人の体験ゆえにもっとも信憑性の高い書物としてすでに古典化しているのが、シュテファン・アウストの『バーダー・マインホフ・コンプレクス』

（一九八五年）である。この著者アウストは、二〇〇五年夏、北ドイツ放送の文化局長トーマス・シュライバーから、シュライアー事件三〇周年記念企画としてバーダー・マインホフにかかわるドキュメントと劇の綾織り作品の製作を持ちかけられる。

さっそくアウストはシュライバーとともに、ジュースキントの『香水』撮影現場であるミュンヘンのババリアスタジオにベルント・アイヒンガーを訪ね、製作担当を依頼する。アウストは、「すでに二〇年間、アイヒンガーが『バーダー・マインホフ・コンプレクス』の映画化を私に申し出てくれるのを待っていた」[K. Eichinger, 12]。シュライバーは、この映画をアイヒンガーのテーマだと確信していた。アイヒンガーは、一九七八年武闘派と親交のあった共産主義者の姉をなくし、レクイエムを捧げようとウルリーケ・マインホフをモティーフにした映画を構想していたが、個人的動機だけでは製作はかなわず、企画を放棄していた。アイヒンガーは「ようやく今、私は、ドイツのテロリズムに関する映画を作るのに充分な見聞があると感じていま

す」[K. Eichinger, 13] といい、ドキュメントではなく劇映画で彼らの行為を見せ、「観客を出来事のまっただなかに連れて行きたい」［K. Eichinger, 12］という。

　アイヒンガーは、監督に『クリスティーネF』などですでに世界的名声を確立しているウリ・エーデルを「この映画は君がつくらなくちゃ。これは僕たちの世代だよ」［Kurbjuweit, 44］と口説き落とす。一九四九年生まれのアイヒンガーは、一一歳で寄宿舎に入った。そこで彼は弱者支配秩序が何であるかを知らされ、教師や上級生に辟易する。一九四七年生まれのエーデルにも類似の体験があった。「六〇年代にエーデルが暮らしていたジェズイット教団の寄宿舎には、「軍隊規律」がまかり通っていた。生徒は打擲《ちょうちゃく》され、一年にたった三度しか帰省を許されなかった」［Kurbjuweit, 44］。

　アイヒンガーは「最初から六八年運動において私を魅了したのは、かさぶたで何とか張り合わせた権威構造の亀裂をこじ開けること」［K. Eichinger, 14］であったという。彼がやってきたミュンヘンの学生寮は、いまにも動き出しそうな政治的な空気に満ち、誰もがそのなかへ巻き込まれていった。若者たちは、新たな出発を求めて連帯した。複数の男女が皆恋人同士のように共同生活をして、性の解放をめざすコミューンもそのひとつであった。家父長制再生産の場である核家族を捨て、支え合いながらも個として自由であるコミューンのコンセプトに彼はひかれる。そして仲間たちも、アイヒンガーも「定期的に『コンクレート』誌を、なかでもウルリーケ・マインホフのコラムを読んだ。多くのものをとてもすばらしいと思った」[K. Eichinger, 13]。エーデルも、『コンクレート』誌でマインホフのコラムを読んだ。彼もまたミュンヘンのいわゆる「六八年」の騒然とした大学に赴き、極左スパルタクス団と行動をともにしていた。「『コンクレート』はウルリーケのコラムのためだけに読まれていた。それは当時想像しうるかぎりにおいて、もっとも挑発的で分析ももっとも尖鋭であった」[K. Eichinger, 21]。それは、当時の左翼学生たちを動かす重要な声のひとつであった。「そこには彼が考えていたことが、いっそう巧みに語られていた」[Kurbjuweit, 45]。

その後、エーデルは映画専門大学に入学する。エーデルは大学で、左翼学生運動を悪に仕立てあげるシュプリンガー社の『ビルト』紙を分析する研究会と、アンチ資本主義派によるマルクス『資本論』学習会に参加した。エーデルは、『資本論』学習会では専門用語を一言も理解できなかった。しかしそこで彼は、アメリカ合衆国の遂行するベトナム戦争に道義がないと理解し、ドイツ社会では今なおナチスが要職にとどまっていることを知った。彼はこれらすべてを変革し、遠くのおぼろげな革命後の社会を目指す「革命ロマン主義者」[Kurbjuweit, 45] となった。

この大学でエーデルは、アイヒンガーに出会う。アイヒンガーはエーデルほど過激な左翼学生ではなかったが、彼の実践志向は、映画に夢を託す理想主義学生を挑発した。アイヒンガーは皆を前にした自己紹介で物怖じすることなく、「映画大学には映画を撮影するお金と機材がある、僕はそれを使いたいのだと」語った［K. Eichinger, 19］。この直後にエーデルとアイヒンガーは、学生食堂で席を並べて映画の話を始めた。「それは一九七〇年のことで、この年ウルリーケ・マインホフが地下に潜った」［K. Eichinger, 19］。彼らは、銀行強盗、爆弾テロといった犯罪、暴力に手を染めていくマインホフに驚愕した。

## 3　マインホフ「伝説」の形成

### ◆マインホフの離婚

すでに述べたマインホフの死に際しての検死の不手際だけが、彼女の伝説化、ひいてはRAFの「伝説」形成に与ったわけではない。彼女のジャーナリストとしての経歴も、この「伝説」形成に力があった。一九六八年二月一七日ベルリン工科大学で「国際ベトナム会議」が開かれる。壇上でルディ・ドゥチュケが熱弁をふるい、多くの学生たちの共感を呼ぶ。映画では、この会場にマインホフがいる。後にマインホフの恋人となり、双子の世話を一時引き受けるペーター・ホーマンが近づいてきて、彼女に「ウルリーケ・マインホフさんですか」と声をかける。有名なジャーナリストであるマインホフの来訪への驚きもあろうが、ホーマンの問いは、マインホフの外見が以前とはずいぶん異なっていることにも由来している。

時を遡ることおよそ八カ月、屋外パーティーでイラン王妃への公開書簡を読み上げる映画のなかのマインホフは、緑のドレスに身を包みフェミニンである。ところが「国際ベトナム会議」に眼鏡をかけて登場したマインホフは、フェミニンなアピールなど露も考えていないようにみえる。六七年六月以前と六八年二月のあいだに、マインホフに決定的な変化が起こっている。映画ではその原因は、夫クラウス・ライナー・レールの浮気現場の目撃と、双子の娘を連れての夫との決別として表現されている。しかし現実はさらに複雑で、マインホフとレールは長年共同編集をしてきた雑誌『コンクレート』の運営をめぐって深刻な対立関係にあった。その結果、一九六七年暮れに二人は離婚し、翌年三月マインホフはハンブルクからベルリンに双子とともに引っ越してくる。

レト＝ブレッケルトによると、「マインホフの一九六七年夏の発言と一九六九年のそれとを比較してみると、基本的に伝統的規範にしたがって行動する既婚女性から、ほんの二年足らずのあいだに女性のかかえる問題解決のために活動する女性へと変貌を遂げており、とくに子どもの養育に関して古い伝統的な規範と実践に疑問を投げかけている」[Bleckert, 270]。マインホフ自身は、金銭的に双子を育てることに苦労してはいなかった。しかしジャーナリスト活動のために、良い母親であり同時に父親代わりが務まるほど子育てに打ち込める時間はなかった。そこでマインホフは子育てと就労の問題を「政治的に解決するために、この問題の理論的基礎を見出そうと努力」［Bleckert, 274］する。

## ◆「誤った意識」の告発

マインホフは、一九六八年にクリスタ・ロッツォル編『解放〔Emanzipation〕と結婚』に論文「誤った意識」を寄稿している。この論文がマインホフの「理論的基礎」を代表する。「一概念説明」において、彼女は、女性解放運動はプロレタリア解放運動と歩みを一にしてきたはずだという。したがってマインホフのいう解放とは、「民主的社会構造を目指して、階級社会構造を解消する」［Meinhof, 118］ことである。すなわち生産手段が社会化された社会主義体制下では、プロレタリアの解放と同時に女性の解放が達成されるという考え方である［Meinhof, 118］。この考え方は、二〇世紀前半の「社会主義女性解放論」と共通点が見られる。

しかし、現実には生産手段すなわち資本の社会化は実現しない。西ドイツでは、資本主義体制下での同権要求以外はありえなかった。結果、働く女性の権利が男性と同じように保障されたのは、法律上にすぎないと彼女はいう。つまり労働現場においては、「社会主義的な解放要求から、社会民主主義的な同権要求へと変化するなかで、解放と女性の就業とを取り違えることがあたりまえになっている」[Meinhof, 118] と彼女はいう。たしかに人間の価値が収入で測られる社会では、独立した消費主体であることがまずは自立である。ところがこの社会では、職業に従事しただけで、女性が解放されていると見なされるとマインホフはいう [Meinhof, 118f.]。しかし経済的自立だけで女性が解放されたとはいえない、とマインホフは続ける。戦後社会における技術の発展や工業化の恵みは、等しく万人に、とくに女性に分かち与えられているとはいえないからだという。つまり女性は、相変わらず女性に限られた職業に従事させられているのである。

マインホフは「二　資本主義流同権」において、資本主義体制内における社会民主主義的な同権を具体例から批判する。「社会構造に立ち入らなければ同権というかぎりでは、女性は同権である。結婚の権利、財産権、離婚の権利において、女性は同権である。しかし賃金政策においては同権ではない」[Meinhof, 120]。マインホフは、賃金政策における同権はうわべにすぎず、実体は同一賃金とはほど遠いという。彼女によれば、一九六四年の労働協約上の男性の最低賃金（木工業三・五四マルク）は、女性の最高賃金（造園業三・一七マルク）を上回っていた。女性平均賃金は二・八九マルク、男性平均は四・二八マルクであり、全労働者の三三・八パーセントが女性であるにもかかわらず、全女性に支払われた賃金は、全体の二四・二パーセントにしか過ぎなかった。衣料業では、労働者の八〇パーセントが女性で、業界自体の業績は九位に位置していたにもかかわらず、賃金水準は全業界のブービーの四二位であったという。

一九五五年、基本法の男女同権条項が、同一労働同一賃金を定めた。女性賃金や女性減額条項は、基本法違反と見なされ抹消されたはずであった。ところが女性の賃金差別は巧妙に温存された。新たな賃金体系には、低賃金グループが設定された。低賃金グループとは、女性のみが引き受ける職種であった。それは労働協約上「低賃金グループ」〔Meinhof, 121〕と呼ばれたが、現実には「女性賃金グループ」〔Meinhof, 121〕と呼ばれたという。

例としてマインホフは、ハンブルク周辺地域金属産業労働者賃金契約を取り上げる。ここでは「賃金集団一―三」は「軽肉体労働単純労働」であり時給二・四五マルクであった。一方、「賃金集団三b」は「通常肉体労働」で時給二・八〇マルクである。そして現実には「賃金集団一―三」が女性、「賃金集団三b」が男性に割り当てられており、協約上は女性差別が姿を消しても、現実には残存しているという。結果、「解放要求から同権要求への転換は、比較的自立している層の女性たちにいくらか利益をもたらすが、全体としては同権要求貫徹の断念に等しい」〔Meinhof, 122〕という。女性に対する低賃金、低評価の固定化は、女性の能力そのものへの低評価につながりかねない、とマインホフは危惧する。すなわち雇用者側は、「単純労働への抵抗力」、「受動性」、「夢見がちな性向」、「身をまかせる傾向」などを女性の特徴として、自らの雇用条件を正当化する。

マインホフによれば、「資本主義的生産条件に不平等の原因を認めて、それを除去しようとしない」[Meinhof, 124]、解放要求なき同権政策では、結局のところ同権を達成できない。この同権政策は、女性を男性から区別し、差別を固定化している。「女性はともかく男性とは異なる」などという皮相なテーゼの背後には、「利潤追求イデオロギーが隠れており」[Meinhof, 124]、賃金格差を生み出す原因であり、これでは本来的な同権は達成されない。技術が発達した社会においては、女性と男性の体力差などもはや職場における能力と無関係であるはずだとマインホフはいう。

そして最後の節「三　誤った意識」において、マインホフは為政者が意図的につくり出している女性差別を弾劾する。彼女によれば、女性は就労と家族の板挟みにある。これは技術と科学の進歩のなかで、確実に主婦の立場が変化しているからだという。例えば、一九世紀に比べれば、主婦の労働は機械化と日用品の工業生産物化により、著しく軽減された。その一方で、売り上げ向上のために必需品生産が、主婦の新たな重荷となる。産業化にさらされた主婦は、家庭外での生産労働と家庭内の子どもの養育との両立を強いられるという。

この問題は結局未解決のままであり、小さな子どもの母親は、しばらくのあいだ家庭外での就労から遠ざけられる。そして確実なことには、就労を強いられながらも子どもの面倒を見なければならない女性の状況は、女性だけの力によっては変えられないという。「女性団体の報告によれば、幼稚園数だけでも現在あるより、三三・三パーセント増が必要というが、この数は需要の氷山の一角にすぎず、その場しのぎで乗り切っている数は需要にも上がってこない」［Meinhof, 127］。「その場しのぎ」とは、祖母等のまたしても女性に子育ての負担をしいることである。そして社会は、一〇〇年以上にわたって、母親を助けるのではなく、母親の能力欠如を責め、責任をむしろ母親に帰してきたという。

その第一は、女性の就労に向けた非難であるという。それは当時のドイツ連邦共和国における三〇〇万人の「鍵っ子」の存在であり、母親の就労が青少年の犯罪とかかわっているという不当な非難である。しかし現実には、母親の就労と青少年犯罪とは因果関係はない。それよりも子どもたちに幼稚園等を十分に整備してこなかったのが、国家、社会、党、教会、議会であり、女性の就労によって、子どもに良心の呵責を感じるべきは、女性ではなくこれら諸団体だという。

その第二は、女性の本質は母性に基づいており、それが最高の使命、生の実現、本来的な生の内容であるというものである。母親役割のイデオロギー化が、働く女性たちにさらに困難を増やしているという。「働く女性の同権を、働く人々の解放を妨げるために、あらゆる女性に向けられた差別が維持され続ける。社会や為政者に対する批判が表沙汰にならないようにするために、為政者は、家庭外就労者における子育て問題の解決への助力を避け、就労する母親を非難し続け、主婦と母親役割が本質であると規定して、あらゆる女性を均質化しようとする」［Meinhof, 131］とマインホフはいう。

マインホフの議論は、一九六八年当時のものであるが、今日においても過去のものとなっていない。女性の就労の多くがパートタイムにとどまっており、産休を取ることがキャリアにとってマイナスである二一世紀の現状を見れば、「資本主義流同権」も「誤った意識」も今日性のある議論である。すなわちこの議論は、六八年においてはかなり尖鋭な女性の権利主張であった。また、女性解放を達成したと主張する東ドイツの女性就労の実体がどうであれ、西ドイツよりははるかに高い就業率を誇っていたのだから、マインホフの社会主義女性解放論も当時は有効性があった。

### ◆マインホフの「SDSの女性たち、あるいは自分自身の問題」

一九六八年九月フランクフルトの社会主義学生同盟（ＳＤＳ）代表会議で、ヘルケ・ザンダーは、反権威主義を標榜するこの組織が女性を家父長的に支配していると非難した。登壇していたハンス・ユルゲン・クラールは、この訴えを無視したがために、複数の女性からトマトを投げつけられた。この事件について、マインホフが、エーデルやアイヒンガーが当時熱心な読者であった『コンクレート』に寄稿したコラム「ＳＤＳの女性たち、あるいは自分自身の問題」も、彼女の女性運動の立場を明らかにする。

マインホフによれば、一九六七年イランのパーレビ国王が訪独した際に、投げつけられたトマトや卵は、イラン農民の肩代わりをする手榴弾の象徴であり、人々に無関心を許さないための手段であった。ところが今回は違うという。「沈黙するメディアのためにこの騒ぎが起こったのではない。それは意図的なもので、男たちがそれを頭に受けたのだ。トマトを投げた女性とそうする理由のあった女性たちは、他人にかわってではなく、数え切れない女性たちと自分自身のために、発言し行動した」[Meinhof, 149]。彼女たちの行動が、ＳＤＳの理論的水準とどうであるかとか、『シュピーゲル』誌の同意がえられるかとかは問題ではなく、もしトマトが破裂しなかったら、女性たちは窒息していたとマインホフはいう。女性たちは日々飲み込めないものを飲み込まされて、窒息しそうであり、現実に睡眠薬を飲み、子どもに手を上げ、夫にしゃくしを投げつけているのだと。

雑誌『シュテルン』の編集者は、ＳＤＳには女性メンバーの抑圧問題が数年来くすぶっていたというが、マインホフによれば、単にＳＤＳ内部の問題ではなく、ＳＤＳメンバー自身の妻、家族への抑圧がここでは問題だという。マインホフはアメリカの女性運動にならって「個人的問題は、個人的問題ではなく」[Meinhof, 150]、実は社会的問題であるという。

マインホフによると、この会議にやってきた女性たちは、子どものために自分のキャリアを中断したり、断念したりする。彼女たちは、子育てと家庭外就労の両立困難が自分の個人的無能ではなく、社会の問題だと明らかにしてきたという。そして資本主義社会における個人的領域では、男性は主体的には望まなくとも客観的には女性抑圧執行者であるという。マインホフによれば、この事実を理解しない男たちが、頭にトマトを受けた。この事件の結果、より多くの女性が自分の問題を考え、組織化し、問題を再検討し表明することを学んだというのである。

自身の離婚によって女性のおかれている社会状況を痛切に感じたマインホフの発言は、この時期の女性運動の高まりと相まって、社会に受け入れられていく。映画のなかでは、一九六九年一〇月二一日ヴィリー・ブラント政権が誕生し、彼が「いっそうの民主主義をおしすすめたい」と演説する現実の映像が映し出される。マインホフは、女性への不当な非難からの解放と女性の社会的平等とを訴え、ジャーナリズムにおいて名声をえて、民主主義をより民主化するイコンと見なされるに至る。この事実がマインホフ伝説形成の基礎となる。

### ◆テレビ映画『抵抗』

一九七〇年二月ローマからベルリンに戻ってきたエンスリーンとバーダーがマインホフの住居に身を寄せる姿が、映画に描かれている。バーダーが寝室にさがったあと、エンスリーンを前にマインホフは語る。「女子更正施設で映画を撮ったの。彼女たちはゴミのように扱われていたわ。

この映画で少女たちの待遇を変えることができれば、と思ったの。でも全てはひどいままよ」[B. Eichinger, 167]。このマインホフのせりふには、ジャーナリズムによる社会改革の絶望があらわれている。

一九六九年春以来、マインホフは特集記事で更正施設の若者、流れ作業に従事する女性、職業に就く母親を取り上げた。マインホフの立場は堅実で、自らの職業ジャーナリスト活動のなかから、社会変革へとつながる道を模索した。そしてマインホフのようなインテリたちは、社会底辺に追いやられた人々に、自発的直接的行動を提唱する。彼女の狙いは、彼らを団結させ悪しき環境から身を守らせ、当然の権利を獲得させることにあった。

インテリ階級にとっては、更正施設の若者との出会いは「教養体験」[Krebs, 188] であった。インテリ階級は、教養と社会的出自のために行動に移れず思索にとどまる自分たちを社会的罪人と見なす。その結果、彼らは施設の若者たちに、自発性と反抗を期待する [Krebs, 188]。しかしジャーナリストで裕福なマインホフと当初、彼女を猜疑、不審、疎遠の眼差しで見つめる [Krebs, 184] 彼らとのあいだの溝は深かった。そこで彼女は、自らが行動しないで、底辺に苦しむ人たちに行動を期待することに矛盾を感じ始める。

マインホフは、「女子更生施設で映画を撮ったの。〔……〕」という映画のせりふにあったテレビ映画『反乱』の制作のために、取材するアイヒェンホフや「オレンハウアー」の厚生施設に居る少女たちで野宿しているものを自宅に泊めてやったり、自由主義的な家庭に家政婦として住み込ませたりして、彼らの信頼をえて、自らも希望を持つようになる。とはいえ、これらの仕事は対処療法にすぎず、少女たちの待遇やその背後にある社会関係を改善するものではなかった［Krebs, 185］。

その結果、マインホフの発言は、明らかに一九六九年秋頃からその政治的、左翼的傾向を先鋭化させていく。一九六九年から七〇年にかけての冬学期、一〇月からマインホフは引きつづきベルリン自由大学で教育プログラム「報道実習」を「ラジオ特集番組における煽動と啓蒙の可能性」というタイトルで担当する。彼女は、この講義を左翼ジャーナリズム教育授業であり、「左派組織最底辺の煽動」［Krebs, 190］を目的にすべきだと位置づけた。

受講者のなかのひとりの学生が、マインホフがここで何を発言し、いかなる行動をとったかをキリスト教民主同盟（ＣＤＵ）に報告していた。ＣＤＵ市会議員ウルズラ・ベッサーは、ベルリン州政府に質問を行ない、マインホフが基本法に違反していると責め、退職を求めたが、州政府はマインホフの反基本法的な証拠はないとの結論を下した。マインホフは教壇に立ち続けたが、いっそうＣＤＵとシュプリンガー出版の監視下におかれた。ベルリン自由大学ジャーナリズム研究所長ハリー・プロスは、一九七〇年春に引きつづきマインホフへ講義を委嘱したが、彼女は退職した［Ditfurth, 261f.］。

マインホフは一九六九年一一月に女子更正施設「グックスハーゲン」のラジオ特集番組をヘッセンラジオ放送で制作し、放送している。これと平行して三月以来、彼女は同じく女子更正施設を舞台にした南西放送バーデン・バーデンのテレビ番組の脚本に取り組んでいた。マインホフはラジオ特集番組の制作過程で、更正施設に住む多くの少女たちにしたインタビューをもとに、テレビドラマ局長ディーター・ヴァルトマンと監督エバハルト・イッツェンプリッツの助けを借りて、テレビドラマの脚本を書こうとした。

一九七〇年一月末、撮影開始を三週間後に控えて、施設を管轄するベルリン市政府大臣から、ベルリンへの示唆を消去しないかぎり、撮影許可を撤回するとの通達があった。マインホフは、この作品は頭のなかで紡ぐフィクションではないと考えていた。彼女のいうフィクションは、現実を詩作することであった。現実の場所と結びついた具体的詳細が呈示されないでは、根本的なものは証明されないという［Itzenplitz, 126］。マインホフは、地名の微妙な変更で検閲を逃れようとし、南西放送は、マインホフ側に立って『反乱』放映に大臣の合意を取り付けた。

一九七〇年二月一九日撮影が開始されると、マインホフは初日から現場にやってきた。イッツェンプリッツによれば、文字で書かれた作品と映像作品とはそれぞれ異なる美的な次元を持っているので、通常、脚本家は撮影現場にはやってこない。作品が映像という美的次元で表現される場合には、シナリオライターの出る幕ではないというのが「不文律」［Itzenplitz, 124］であった。しかし、ヴァルトマン局長とイッェンプリッツ監督は、マインホフに定期的な訪問を認めた。その結果、現場の脚本に関して、マインホフとイッェンプリッツのあいだにたびたび諍《いさか》いが生じた。初日、最終場面の撮影が数時間過ぎたあたりで、彼女はイッェンプリッツを脇へ引っ張ってゆき、アクチュアルな政治的メッセージが欠けているとがめ、脚本の変更を迫った。「彼女が変更したものは、印象深く、読むにはよいが、話すのには向かず、演じることはできなかった」[Itzenplitz, 124]。個々の場面に、作品全体のメッセージを織り込もうとすると、作品が死ぬというイッェンプリッツの主張にマインホフはとりあえず納得した。マインホフは、社会に直接働きかけるメッセージ性の強い表現を主張した。しかしイッェンプリッツは、コラムのような文体のせりふはこっけいで、別のメディアにはふさわしい表現があるとマインホフに納得させねばならなかった。この辺りの事情もマインホフのテレビ映画撮影に失望したというせりふに反映している。

『反乱』は一九七〇年五月二四日にテレビ放映されるはずであった。しかし一〇日前の五月一四日ベルリン自由大学社会科学研究所の図書館において、図書館員が実弾で撃たれ、刑務官と脱獄者一味のあいだで乱闘となった。そのすきに、マインホフからの申請で調査に来ていた囚人バーダーのみならず、彼との共著を「企画」していたマインホフまでもが研究所の窓から逃亡する。これまで彼女によって言論の場で批判され続けた警察は、マインホフが銃を撃ったかのように、ここを先途と彼女を「国家第一の敵」として殺人で指名手配する。この事件で警察が不当に彼女を殺人犯に仕立て上げたことが、マインホフを「警察国家」ドイツ連邦共和国による迫害を受けた犠牲者として伝説化する決定的契機となった。マインホフは地下に姿を消し、ドイツ公共放送（ＡＲＤ）は、マインホフの社会派作品『反乱』の放送を取り消してしまう。

## 4　エンスリーンの「白鯨」

民主主義のイコンとして伝説化されていくマインホフは、一九七二年の逮捕後、精神の均衡を失い、一九七六年五月九日シュトゥットガルトのシュタムハイム刑務所の独房で死者となって発見される。すでに述べたように、この死の真相解明の不手際が、彼女の伝説化を推し進め、常識的にはありえない外部者による暗殺がまことしやかに語られるに至る。その後ＲＡＦの伝説化に大役を務めたのは、マインホフをシュプリンガー社爆破により民間人を傷つけた「反革命分子」と非難していたエンスリーンであった。エンスリーンは、カリスマ的であったマインホフ亡き後、後継世代を操り、刑務所外部の社会に向かってテロ行為を継続することで、自分たちＲＡＦを意図的に伝説化していく。そのとき小道具に用いられたのが、メルヴィルの『白鯨』である。

映画においてシュタムハイム刑務所内で、二人の女性エンスリーンとブリギッテ・モーンハウプトがそれぞれ一冊の本を手に何かを話し合っている。エンスリーンが本を閉じると、そこにメルヴィルの『白鯨』の表紙が映し出される。また別の場面では、刑期を終えて出所したモーンハウプトが、エンスリーンからの暗号をアジトで仲間と解読する際にも『白鯨』が脇に置かれている。映画のなかでは、仲間たちがエンスリーンの示した数字から『白鯨』の頁数や行数を読みとり、単語を特定し、文章を作り上げていた。

実際に『白鯨』は、ＲＡＦ内部で大きな意味をもっていた。映画でエンスリーンを演じる女優ヨハナ・ヴォカレクはこう述べている。「『白鯨』のモビイ・ディックは、エンスリーンには、たとえ鯨が漁師自身よりも強大であるにしても、捕らえて屠《ほふ》るべき国家権力のメタファーでした。彼女にとっては、友人アンドレアス・バーダーは、リヴァイアサンに気違いじみた憎しみを持って戦うエイハブ船長でした。彼女は、ウルリーケ・マインホフをのぞいて、ＲＡＦの中核メンバー全員に、『白鯨』の登場人物にちなんだあだ名を付けました。彼女自身は料

理番スムーチェでした。向こう見ずな捕鯨船員たちのメタファーで、彼女はＲＡＦの伝説化に決定的に貢献しました。彼女はグループに冒険的で恐れを知らぬ何かをもたらしたのです」[K. Eichinger, 96]。

メルヴィルは『白鯨』の文献抄にトーマス・ホッブズの『リヴァイアサン』から引用している。「かの国民共同体または国家（ラテン語のキヴィタス）と称する巨大なるリヴァイアサンは人間の技術によりつくられる――それは一個の人工人間にほかならない」。海の怪物リヴァイアサンすなわち鯨は、まずは国家の比喩であろう。郵便検閲人を欺くためのＲＡＦ成員の暗号名であったが、偏執狂的に白鯨を追い続けるエイハブの姿と、リヴァイアサン国家に自分やメンバーの命をも省みない無謀な戦いを挑むバーダーは不思議に重なり合う。そしてホルガー・マインツをエイハブ第一の子分スターバックとした。スターバックは、『白鯨』第三六章「後甲板」で資本主義的利潤追求原理に背いて復讐のために白鯨モビイ・ディックを追い続けるエイハブを、鯨取りの本道に戻るよう諫める。エイハブはそれに対して長広舌をふるい、スターバックを呪縛し、命令に背くことを許さない。エンスリーンはこの二人の関係をバーダーとマインツに重ね合わせている。

エンスリーンは、不和のためマインホフには聖女「テレーズ」というあだ名を付け、「白鯨」物語から排除した。ヤン＝カール・ラスペを棺桶やエイハブの義足をつくる「大工」と名付けたのは、彼が刑務所内での通信手段を作製するなど技術にたけていたからであった。バーダー、エンスリーン、ラスペ、イルムガルト・メラーが、独房内で同じ日に自殺をはかることが可能であったのも、彼のつくった無線機なしには考えられない。このシュタムハイム刑務所での集団自殺から、ただ一人生き残ったのが、メラーであった。これによってファシスト国家による革命家抹殺という『白鯨』物語は完結する。なぜならメラーが、白鯨によってエイハブをはじめ船員たちが深淵へと引きずり込まれた後に、ただ一人生き残り『白鯨』の物語を語るイシュメールの役柄を引き受けるからである。

しかしメルヴィルの『白鯨』になぞらえられているのは、映画の脚本上の人物ではなく、現実のＲＡＦの成員である。なぜエンスリーンは一人をのぞいて全員が命を落とす『白鯨』物語をＲＡＦの比喩に選んだのか。監督エーデルはいう。「グドルーンはすでにとても早い段階で彼女たちの物語が仲間全員の死で終わると予感していたに違いない。……なぜグドルーンはこの結末をすでに早くに予見し、そ

れどころか計画したのかという問いかけには、いずれにせよいかなる答えもない」[K. Eichinger, 37f.]。

エーデルのこの発言の一方で、アウストはフランスの随筆家ジャン゠ピエール・ルフェーブルがマルクスの『資本論』とメルヴィルの『白鯨』に類似を見出していることを指摘して、ひとつの答えの可能性を呈示している [Aust, 394]。ルフェーブルによれば、白鯨が深海にのみ込まれながらも繰り返し浮上してくる姿が、躁鬱病のように景気変動を本質的に孕んでいる資本主義社会と重なり合う。このとき捕鯨船ピークォド号は、資本主義的生産条件である下部構造の似姿となる。船長エイハブもマルクスも彼の敵を憎み、乗組員にあるいは読者に敵への憎悪を吹き込み、そして自由か死かという戦いへと駆りたてる。『白鯨』が、資本主義体制の興隆期である一八五一年に出版されたことを勘案すれば、エンスリーンにモビイ・ディックは資本主義体制だという認識があったとしても驚くにはあたらない。エンスリーンが、モビイ・ディックを国家以上の存在である資本主義体制と見なしていたなら、自らの戦いが破滅に終わるという認識も当然であろう。

エンスリーンは巨大な敵と戦っている自己陶酔のなかで、自らの行動を伝説へと高めていくことに成功する。彼らは、無音の独居房監禁に抗してハンガーストライキを行ない、マインツ餓死の犠牲をはらうも世論を味方につけて、裁判への協力と引き替えに、刑務所内に監視下にあるとはいえテロリストサロンを実現する。刑務所長ウルリヒ・シュライトミュラーの回想によれば、「私たちは、奴らのすることをただ見ているしかなかった。奴らはいっしょに席に着き、何かを書いて、弁護士に渡した。それは外へと出ていった。私たちは何もできなかった」［Aust, 395］。そして彼らは映画が描くとおり、「刑務所の壁の外側に隊員を集めて、共通の敵に対するいっそう残忍化する犯行へと動機づけた」［Aust, 394］のである。そして、最終的にはメラーをのぞいて全員が死を迎え、「警察国家」ドイツ連邦共和国における殉教者という伝説を作り上げる。

## ５　脱「伝説」化と『革命の子どもたち』

左翼市民階級のあいだには、マインホフがそしてＲＡＦのメンバーが国家権力の犠牲になったという伝説がつくられた。脚本家アイヒンガーはいう、「『バーダー・マインホフ』には観客が自己同一化する人物はいない。私はこの物語を、ＲＡＦのメンバーであれ、国家権力の代表であれ、特定の人物に感情的に結びつけるつもりはなかった」［K. Eichinger, 24］。アイヒンガーとエーデル監督との映画制作意図は、鑑賞者が自己同一化するようなテロリストを描くことではなく、歴史を認識させることであった。したがって、この映画でマインホフをはじめとするテロリストを、ドイツにおけるナチの再来に抗して戦った人物としてイコン化することを避けなければならなかった。

アイヒンガーが脚本執筆にあたって意識したのは、「ドラマトゥルギーの切断形式」あるいは「断片ドラマトゥルギー」という理念によって事実を淡々と語り進め、無用な内面描写を避けることであった。アイヒンガーは、テロリストの内面を解釈するのではなく、行為する人物とあるがままの事件を描き、歴史を図解する作品を意図した。彼は可能な限り共有できる客観的事実を積み重ねる表現を呈示すること、信憑性の高い表現を用いることで、ＲＡＦ伝説、マインホフ伝説の解体を目指した。

結果、「本当にすべてがかみ合ってひとつの全体を生み出すかという疑問」がアイヒンガーを悩ませ、「断片ドラマトゥルギー」という理念が機能するか［K. Eichinger, 26］という不安が彼につきまとった。しかし、アイヒンガーの不安を裏切り、リアリズム一辺倒でドキュメンタリーのような実験映画『バーダー・マインホフ』は、「観客にパズルの断片を呈示し、観客自身が全体像へと組み合わせる」［K. Eichinger, 24］ことで、ＲＡＦ伝説から離れて、現実を観客が再構成できる映画となっている。

さて、シェーン・オサリバン監督のイギリス映画『革命の子どもたち』（二〇一一年）が、日本でようやく二〇一四年に公開された。このドキュメンタリー映画は、ドイツと日本の二人の革命家女性マインホフと重信房子（一九四五年―　）のそれぞれの娘ベティーナ・レールと重信メイへのインタビューを中心に構成されている。彼女らが語る母親像に、まわりから証言が寄せられ、革命家女性の若き日の映像が交えられて、二人の一般に知られている姿とは異なる像が構築されていくきわめて興味深い作品である。

　マインホフと重信がひとつの映画に取り上げられたことには、必然性がある。両者の共通点は、第二次世界大戦の敗戦国に生を受けたこと、戦後体制の本質的変革をなおざりにして経済的繁栄を優先した自国に矛盾を感じていたことである。二人は、ベトナム戦争をはじめとするアメリカの覇権主義への抵抗に始まり、政治活動家から、左翼過激派テロリズムへと陥っていく。

　マインホフに関しては、この映画で多くの貴重な映像が見られる。彼女がテレビ番組に笑みを浮かべて出演する映像を見れば、彼女がいかに時代の寵姫であったかが分かる。パーレビ・イラン国王訪独に際しての暴動の白黒フィルムは、映画『バーダー・マインホフ』の描写が誇張でないと教え、当時の西ドイツの「警察国家」ぶりを明らかにする。また、『バーダー・マインホフ』のなかで、女性看取に付き添われた刑務所内のアストリッド・プロルが「ウルリーケ」の名前を叫び続け、独房よりマインホフが「アストリッド」と呼びかけ返す場面は、彼らの孤立感を映し出しているが、そのアストリッド自身がインタビューで健在ぶりを示していることには、少なからぬ感慨をおぼえる。

しかし何より印象的であるのは、重信メイが母への尊敬を口にするのとは対照的な、ベティーナのウルリーケ評価である。「テロリストはヘロイン中毒に似ている。普通の人が理解できない人格の変化があるの。ウルリケ《ママ》が同じ人間だったというのは間違いよ」（『革命の子どもたち』パンフレットより）。彼女はテロリストとなった母を微塵も評価しないで、別人格だとさえいう。たしかにウルリーケは逮捕後最初の数カ月の独房生活で、精神に異常をきたしてしまう。ベティーナの証言によれば、一〇代はじめのころ、双子のレギーナとともに訪ねたとき、ウルリーケは正気を取り戻したそうである。しかしそれも永くは続かなかった。エンスリーンらとの共同生活が始まると連絡は途絶えてしまったそうである。

遡れば、一九七〇年五月、ウルリーケが地下に潜る。七歳の双子を捨てるかのように、シチリア島のヒッピー村に四カ月も放置した挙げ句、パレスチナの孤児施設に送ろうとした母親に、ベティーナは強い反感を抱いている。そして母が民主主義的な社会改良家で、警察国家の犠牲になったという見解にも真っ向から反対する。非合法化で「共産党員になって以来、母はドイツ赤軍時代から死ぬまで厳格な共産主義者だった」（同パンフレット）という。つまりマインホフは西ドイツの共産化を望んでいたのだと。この見解自体は、すでにヴェーゼマンの論文で論証されており、とくに目新しくはない。

むしろ驚くべきは、母の肯定的側面を全て認めようとしない彼女の私怨の深さである。彼女は最後にこう語る。「私は毎日メールを受け取る。そのほとんどが若い女の子。どれだけウルリケを敬愛しているかが書かれている。彼女たちはウルリケがすばらしい母親であったと話し、また、時には見下したような調子で、私たちが恩知らずの子どもだったと書いてくる。これが私が引き受けなくてはならない社会の病なの」（同パンフレット）。死後三五年がすぎても、マインホフは殉教者であり、女性の地位を向上させる母親、西ドイツの民主主義を発展させた女性と見なす崇拝者は後を絶たない。伝説は生き続けている。

さて、意外に知られていない、この映画で語られた事実を最後に語ろう。二〇〇二年になって、ベティーナは一九七六年に死去した母ウルリーケの脳が、埋葬されずにマグデブルク大学の医師ユルゲン・パイファーの研究室に保存されていると知る。パイファーの言によれば、マインホフの脳には感情をつかさどる領域に肉眼でも見て取れる偏倚が見られた。それは明らかに一九六二年二七歳のときの手術によるものであった。腫瘍は良性であったが、除去されずに器具により遮断されたのであった。神経専門医の視点からすれば、この脳にある損傷の規模と領域は、裁判において責任能力を疑うに値するものである。パイファーは、マインホフの育ての親レナーテ・リーメクの証言を引き合いに出し、手術直後のマインホフの人格変化について確信を持つ。（二〇〇二年一一月九日ベルリン新聞）

たしかにマインホフは一九六二年双子の出産のあと、頭痛のあまり頭部を開く手術を受けた。

腫瘍はなく血管の肥大化が発見されたにすぎなかったといわれていたが〔Krebs, 98〕、処置がなされていたのであった。しかしこの脳の傷をもって、彼女がテロリストになった原因というのはあまりにも短絡である。社会的要因を考慮せずに、脳の傷にテロリズムの原因を帰することは、マインホフの行動を責任能力のない脳の障碍者のそれと片付けることである。彼女の手術後のスターコラムニストとしての活躍はどう説明するのか、そして当時の西ドイツ社会の現実はどうであったのか。マインホフを脳の障碍者と片付けることは、家族に無断で脳を取り出す国家によるマインホフの人格否定である。これでは、かえって反発を招いて、マインホフは市民社会という名の警察国家の犠牲者だといわれても不思議ではない。脳が保存されていた事実と脳の傷の解釈は、伝説の強化にいっそう拍車をかけることだろう。脳の保存が家族に知らされた二カ月後、一九七六年には行なわれなかった葬儀をベティーナたちは家族だけで営んだ。二〇〇二年一二月、彼女の脳も墓に収められた。

## この章でとりあげた映画

『バーダー・マインホフ　理想の果てに』原題 *Der Baader Meinhof Komplex*　二〇〇八年　ドイツ・チェコ・フランス映画

『革命の子どもたち』原題 *Children of the revolution*　二〇一一年　イギリス

## 参考文献

### 文学作品

Melville, Hermann: Moby-Dick. Middlesex (Penguin Classics) 1972.

メルヴィル、ハーマン『白鯨』（上・下）田中西二郎訳、新潮文庫、一九五二年

### 文学作品以外の文献

Aust, Stefan: Der Baader Meinhof Komplex. München (Goldmann) 2010.

Ditfurth, Jutta: Ulrike Meinhof. Die Biografie. Berlin (Ullstein) 2007.

Eichinger, Bernd: Der Baader Meinhof Komplex. Drehbuch. in Eichinger, Katja. a.a.O.

Eichinger, Katja: Der Baader Meinhof Komplex. Das Buch zum Film. Hamburg (Hoffmann und Campe) 2008.

Itzenplitz, Eberhard: Über die Filmarbeit mit Ulrike Meinhof. in: Meinhof, Ulrike Marie: a.a.O.,1974. 5. Auflage 2009.

Krebs, Mario: Ulrike Meinhof. Ein Leben im Widerspruch. Reinbek (Rowohlt) 1988.
Kurbjuweit, Dirk: Bilder der Barbarei. Der Spiegel 37/2008.
Lehto-Bleckert, Katriina: Ulrike Meinhof 1934-1976. Ihr Weg zur Terroristin. Marburg (Tectum) 2010.
Meinhof, Ulrike: Die Würde des Menschen ist antastbar. Berlin (Klaus Wagenbach) 1994.
Meinhof, Ulrike Marie: Bambule. Fürsorge — Sorge für wen? Berlin (Wagenbach) 1974. 5. Auflage 2009.
Prinz, Alois: Lieber wütend als traurig. Die Lebensgeschichte der Ulrike Marie Meinhof. Weinheim u.a. (Beltz) 2003.
Röhl, Bettina: So macht Kommunismus Spass! Ulrike Meinhof, Klaus Rainer Röhl und die Akte Konkret. Hamburg (Europäische Verlagsanstalt) 2006.
Röhl, Klaus Rainer: Fünf Finger sind keine Faust. Köln (Kiepenheuer & Witsch) 1974.
Wesemann, Kristin: Ulrike Meinhof. Kommunistin, Journalistin, Terroristin — eine politische Biografie. Baden-Baden (Nomos) 2007.
井関正久『ドイツを変えた六八年運動』シリーズ・ドイツ現代史Ⅱ、白水社、二〇〇五年
フライ、ノルベルト『一九六八年　反乱のグローバリズム』下村由一訳、みすず書房、二〇一二年
三島憲一『戦後ドイツを生きて　知識人は語る』岩波書店、一九九四年

# あとがき

ミヒャエル・コールハースの物語を追うと、ウルリーケ・マインホフの生涯と妙な符合を見出す。公権力による理不尽な仕打ちに法の埒内での抵抗を試みるが、無力感にさいなまれるに終わる。その結果としての公権力によるあからさまな迫害に対する暴力による応酬、その果ての破滅である。

テロリスト、ウルリーケ・マインホフにたいする警察、マスコミの包囲網が敷かれたときに、それに抵抗の声を上げたのが、ノーベル賞作家ハインリヒ・ベルであった。彼は小説『カタリーナ・ブルームの失われた名誉』のなかで、シュプリンガー社の新聞《ツァイトゥング》『ビルト』を皮肉って、低俗紙を『ツァイトゥング』という名で登場させている。そしてこの新聞に貶められ、暴力で報復する女主人公は、ウルリーケ・マインホフに擬せられている。『カタリーナ・ブルーム』を映画化した監督シュレーンドルフが、学生運動に肩入れして『ミヒャエル・コールハース』をも撮っているのだから、映画を介して「妙な符合」もあながち的外れではあるまい。

妙な符合といえば、『カスパー・ハウザーの謎』の結末とウルリーケ・マインホフの後日譚もきれいに共鳴している。一方では、奇妙な人物カスパー・ハウザーには、検死の報告によれば市民社会に取り込めないほどの異常が脳にあった。他方、ウルリーケ・マインホフの脳には、医師の言によれば責任能力を問えないほどの損傷があった。しかし一九世紀の社会がカスパー・ハウザーを排除したようには、二一世紀の社会はウルリーケをあからさまには排除しない。彼女の犯罪は責任能力がないため罪がないとされる。そのかわりに、脳の手術以降のウルリーケの生き様がすべて否定される。この社会は、科学の名のもとに、人格否定を以前よりもより巧妙に行なうかのようである。

＊　＊

京都府立大学において、二〇一一年九月から一〇月にかけて四週連続で、市民向け公開講座『リカレント講座　映画で学ぶ　二〇世紀ドイツの歴史』を開催した。有料にもかかわらず、四〇名に近い受講者があり、映画への関心の高さにたいへん驚いた。講座の終了以来、映画に関する共著を刊行するという腹案を暖めてきた。三年以上の歳月が流れて、ようやく完成したのが本書である。

公開講座のメンバー四人に、五人のメンバーを加えて、数度の研究会を重ねた。各人がどの作品を扱い、いかなる切り口で論じるかを自由に語り合い、情報を共有した。その結果、出来上がった本書の構成は、第一部を担当するのが、のちに加わった五人のメンバーであり、市民社会という共通するテーマが浮かび上がった。第二部においては、各人が公開講座とは大幅に扱う作品のウエイトを変え、作品も入れ替えた。しかし公開講座の持っていた受講者とともに考え、学ぶ雰囲気は、うまく残されていると自負している。

*　　＊

この本の完成までには多くの方々のお世話になった。なかなか進まぬ企画を待ってくださったばかりか、丁寧な校正をしてくださった松籟社の夏目裕介さんの辛抱強さには頭が下がる。いつも無理な注文に二つ返事で、好みのイラストを描いてくれる多田昭彦さんにも感謝の言葉を述べたい。公開講座の講師を含めて執筆陣にもお礼を言いたい。現在、私は研究専念期間をもらってレーゲンスブルクでこの原稿を書いている。この研究専念期間を支えてくださっている京都府立大学の皆様にも。そして最後には公開講座に来てくださった方々、本を手にとって下さった方々へ。ありがとうございました。合掌。

二〇一五年三月一七日　　レーゲンスブルクの寓居にて

編者しるす

**阪口勝弘**（さかぐち　かつひろ）
京都府立大学非常勤講師。主な業績として、共訳書に『ネルヴァル全集Ⅳ』（「ディオラマ、オデオン座」の記事、筑摩書房、1999年）、ジャン=クロード コフマン『シングル——自立する女たちと王子様幻想』（昭和堂、2006年）などがある。

**永畑紗織**（ながはた　さおり）
立命館大学嘱託講師。主な業績として、共著書に『エーリヒ・ケストナー——こわれた時代のゆがんだ鏡』（松籟社、2012年）、共訳書にジュビレ・クレーマー『メディア、使者、伝達作用——メディア性の「形而上学」の試み』（晃洋書房、2014年）などがある。

**勝山紘子**（かつやま　ひろこ）
日本学術振興会特別研究員（RPD）。主な業績として、共著書に『啓蒙と反動』（春風社、2013年）、共訳書にジュビレ・クレーマー『メディア、使者、伝達作用——メディア性の「形而上学」の試み』（晃洋書房、2014年）などがある。

**青地伯水**（あおじ　はくすい）★
京都府立大学文学部教授。主な業績として、著書に『もうひとつの世界——アイヒとヒルデスハイマー』（松籟社、2005年）、訳書にヴォルフガング・ヒルデスハイマー『マルボー——ある伝記』（松籟社、2014年）などがある。

**著者一覧（執筆順）　★は編著者**

松村朋彦（まつむら　ともひこ）
京都大学大学院文学研究科教授。主な業績として、著書に『越境と内省——近代ドイツ文学の異文化像』（鳥影社、2009年）、共著書に『啓蒙と反動』（春風社、2013年）などがある。

児玉麻美（こだま　あさみ）
愛媛大学法文学部講師。主な業績として、共著書に『啓蒙と反動』（春風社、2013年）、『エーリヒ・ケストナー——こわれた時代のゆがんだ鏡』（松籟社、2012年）などがある。

須藤秀平（すとう　しゅうへい）
日本学術振興会特別研究員（DC2）を経て、現在京都府立大学文学部共同研究員。主な業績として、論文に「「そうしてフォルクは簡単に誘導されもする」——クライストにおける「フォルク」概念について」（『Azur』5、2013年）、「アイヒェンドルフと「主観」の文学——歴史叙述における詩人の役割」（『Germanistik Kyoto』15、2014年）などがある。

川島隆（かわしま　たかし）
京都大学大学院文学研究科准教授。主な業績として、著書に『カフカの〈中国〉と同時代言説——黄禍・ユダヤ人・男性同盟』（彩流社、2010年）、訳書にジャン=ミシェル・ヴィスメール『ハイジ神話——世界を征服した「アルプスの少女」』（晃洋書房、2015年）などがある。

千田まや（ちだ　まや）
和歌山大学教育学部教授。主な業績として、論文に『アルベルト・ランゲンと「ジンプリツィシムス」』（日本独文学会研究叢書103『世紀転換期ドイツ語圏の芸術誌の諸相』、2014年）、「神と人と動物と——『ヨゼフ物語』における犠牲について」（『希土』36、2011年）などがある。

映画《えいが》でめぐるドイツ――ゲーテから21世紀《せいき》まで

2015年7月15日初版発行

定価はカバーに
表示しています

編著者　青地伯水

発行者　相坂　一

〒612-0801　京都市伏見区深草正覚町1－34

発行所　㈱松籟社

SHORAISHA（しょうらいしゃ）

電話　075-531-2878

FAX　075-532-2309

振替　01040-3-13030

URL：http://shoraisha.com

印刷・製本　モリモト印刷（株）

Printed in Japan



ISBN 978-4-87984-336-4 C0098